GRUPOS

Dados Internacionais de Catalogação na Publicação (CIP)
(Câmara Brasileira do Livro, SP, Brasil)

Grupos : intervenção socioeducativa e método sociopsicodramático / Marlene Magnabosco Marra, Heloisa Junqueira Fleury (orgs.). — São Paulo : Ágora, 2008.

Bibliografia.
ISBN 978-85-7183-042-4

1. Psicodrama 2. Psicologia educacional 3. Psicoterapia de grupo 4. Sociodrama 5. Sociometria I. Marra, Marlene Magnabosco. II. Fleury, Heloisa Junqueira.

08-03222   CDD-370.15

Índice para catálogo sistemático:

1. Psicodrama socioeducacional : Grupos : Educação   370.15

Compre em lugar de fotocopiar.
Cada real que você dá por um livro recompensa seus autores
e os convida a produzir mais sobre o tema;
incentiva seus editores a encomendar, traduzir e publicar
outras obras sobre o assunto;
e paga aos livreiros por estocar e levar até você livros
para a sua informação e o seu entretenimento.
Cada real que você dá pela fotocópia não autorizada de um livro
financia um crime
e ajuda a matar a produção intelectual em todo o mundo.

GRUPOS
Intervenção socioeducativa e método sociopsicodramático

MARLENE MAGNABOSCO MARRA
HELOISA JUNQUEIRA FLEURY
(ORGS.)

EDITORA
ÁGORA

GRUPOS
Intervenção socioeducativa e método sociopsicodramático
Copyright © 2008 by autores
Direitos desta edição reservados por Summus Editorial

Editora executiva: **Soraia Bini Cury**
Assistentes editoriais: **Bibiana Leme e Martha Lopes**
Capa: **Alberto Matheus**
Projeto gráfico e diagramação: **Acqua Estúdio Gráfico**

Editora Ágora
Departamento editorial:
Rua Itapicuru, 613 – 7º andar
05006-000 – São Paulo – SP
Fone: (11) 3872-3322
Fax: (11) 3872-7476
http://www.editoraagora.com.br
e-mail: agora@editoraagora.com.br

Atendimento ao consumidor:
Summus Editorial
Fone: (11) 3865-9890

Vendas por atacado:
Fone: (11) 3873-8638
Fax: (11) 3873-7085
e-mail: vendas@summus.com.br

Impresso no Brasil

SUMÁRIO

Prefácio 7
Marisa Nogueira Greeb

Introdução 13
Heloisa Junqueira Fleury e Marlene Magnabosco Marra

1. A história e o desenvolvimento do psicodrama
   socioeducacional no Brasil 23
   Herialde Oliveira Silva

2. Psicodrama e educação 35
   Marcia Almeida Baptista

3. O agir interventivo e a pesquisa-ação 45
   Maria Eveline Cascardo Ramos

4. Conhecimento, intersubjetividade e as práticas sociais 57
   Liana Fortunato Costa e Maria Inês Gandolfo Conceição

5. Estratégias de direção grupal e identificação
   do agente protagônico nos grupos socioeducativos 69
   Anna Maria Knobel e Luís Falivene R. Alves

6. O processo de aprendizagem e a metodologia
   psicodramática 93
   Stela Regina de Souza Fava

7. Intervenções sociopsicodramáticas: atualização
   e sistematização de recursos, métodos e técnicas 101
   Rosane Rodrigues

8. O sociodrama e o *role-playing* na prática sociopsicodramática .. 125
   Cybele Maria Rabelo Ramalho

9. O teatro espontâneo como intervenção socioeducativa 141
   Moysés Aguiar

10. A sociometria na prática interventiva socioeducativa:
    a teoria espontânea do aprendizado 157
    Marlene Magnabosco Marra

11. A intervenção grupal socioeducativa de tempo limitado 179
    Heloisa Junqueira Fleury

12. A elaboração de projetos para a efetivação de intervenções
    socioeducativas 193
    Mara Sampaio e Yvette Datner

13. Grupos socioeducativos na implementação
    das políticas públicas: indagações 201
    Maria Amalia Faller Vitale

PREFÁCIO

Outro dia, vendo a Grande Muralha da China, única fronteira do planeta vista da Lua, comecei a refletir e a me contentar. Uma construção de barreiras feita para proteger o território, tentando impedir a entrada de intrusos e/ou inimigos que, hoje, milênios depois, é uma atração turística admirada e visitada por pessoas de todas as culturas.

Quando lia os vários textos deste livro, por associação, essa imagem da Grande Muralha se apresentou, e tive a mesma sensação, qual seja, de quando o mesmo já não é o mesmo. Vemos aqui a educação que recebemos nas diferentes profissionalizações, antes construtora de muralhas e defensora de territórios, hoje associada à transversalidade para a compreensão da complexidade da vida, transformando cada especialidade em mais uma contribuição para o aprofundamento do conhecimento do ser em seu processo de hominização.

Reconhecemos hoje que as histórias por trás dos fatos são múltiplas, pois advêm de múltiplas interpretações. Podemos acompanhar uma delas seguindo a narrativa apresentada por Herialde Oliveira Silva. Assistimos, assim, a cada ponto de vista, à geração de inúmeros outros acontecimentos. Daí o fato de a pluralidade de histórias fazer do humano um ser mais complexo e mais atrativo. Mil olhares, às vezes antagônicos, às vezes interpoladores, geram diversas criações e outros tantos olhares, e, de repente, damo-nos conta de que a vida do psicodrama no Brasil também já não é a mesma.

Salve Moreno, que, tendo parido uma obra aberta, nos possibilitou tantas abordagens e criações para acolhermos e sermos acolhidos.

Na efervescência de criações, buscando a melhor aproximação com os grupos, vemos a exaustiva organização de técnicas no trabalho de Rosane Rodrigues, que afirma:

Senso de humor, por exemplo, considero como fundamental: para fazer psicoterapia, desenvolver ações de cidadania, aprender como funciona o aparelho digestivo, melhorar a motivação ou integração dos funcionários do chão de fábrica ou dos executivos de uma empresa ou debruçar-se sobre um problema da sociodinâmica grupal de uma instituição pública.

Heloisa Fleury e Marlene Marra, guerreiras espreitadoras da necessidade de compartilhamento reflexivo das ações realizadas com grupos aqui no Brasil, presenteiam-nos com a organização de mais este livro, que traz um relato da pesquisa internacional realizada pela Seção Transcultural da International Association for Group Psychotherapy and Group Processes (IAGP) sobre as perspectivas e tendências das práticas grupais no mundo contemporâneo e a preocupação dos psicodramatistas com questões tão sérias em vários países.

Interessantíssimos os resultados, que podem nos remeter a profundas reflexões sobre o forjamento das culturas, a contemporaneidade em saltos qualitativos, a adequação de nossas intervenções, ou melhor, de nossas intercessões num mundo economicamente globalizado e, então, dividido novamente, agora, porém, entre o bem e o mal.

Esse não é o nosso caso; outras produções nos trazem, cada uma a seu modo, experiências de organização de trabalho com o simples pensar metodológico. Pensar socionomicamente seria a grande aprendizagem. Captar esse pensamento, esse modo do pensar, será o grande ganho de fazer dessa filosofia um serviço público. Ao fazer a leitura dos acontecimentos mundiais e nacionais por meio da sociometria, percebendo o movimento dos campos de força, as protagonizações autenticadas e as clandestinas, muitas vezes usadas como bodes expiatórios, e assim por diante, mesmo nas conversas informais, educaremos também para a cidadania.

Prefácio

Na leitura desses textos, que são conseqüentes mas não necessariamente seqüenciais, vamos caminhando junto com os autores, que nos propiciam viagens variadas, indicando caminhos possíveis para o desenvolvimento de trabalhos. Eles vêm desde a sala de aula de Marcia Baptista, na qual a aprendizagem se dá na vivência da própria metodologia, no caso o psicodrama pedagógico, assim nomeado por Maria Alicia Romaña (que me ensinou os primeiros passos na arte do psicodramatizar), indo até os grandes grupos, com base na sociometria. Também mapeando as forças presentes e conteúdos latentes explicitados como desejantes e chegando à descoberta do protagonista, suas qualidades e desejos, no caso que Falivene traz: o congressista. Interessante acompanhar os passos da direção com sua equipe de egos-auxiliares por meio do diálogo com Anna Knobel e do processamento, dispositivo fundamental para compreendermos o que se passa no palco e nos bastidores e qual o olhar que fundamenta a trajetória da direção.

O projeto socionômico de Moreno deixa claro um posicionamento político no próprio nome: *socius* (companheiro) e *nómos* (leis, normas, criadas pelos companheiros). É ético, porque se fundamenta no encontro teleespontâneo, expressão cunhada por Stela Fava. Também trata da estética como modo de expressão, que Moysés Aguiar tanto enfatiza ao citar a manifestação artística do teatro espontâneo. Portanto, precisamos estar atentos a qualquer ato dramático. Vale lembrar que Moreno nos delegou também a função de estetizar o momento dramático.

A sociometria, que estuda e explicita a estrutura do grupo e os campos de força presentes, oferece modos de diagnosticar o grupo e seus fluxos, percebendo suas tendências e a necessidade de possíveis intervenções. A técnica facilitadora é o sociograma, cujo uso é hoje bastante discutido porque facilita intervenções também autoritárias. No decorrer da leitura dos textos, observamos vários modos de aplicação desse método. Bem sabemos que "a forma como se utiliza uma ferramenta tem a ver com o modo de pensar de quem a toma nas mãos", como menciona Moysés Aguiar em seu texto. É curioso que muitos trabalhos aqui desenvolvidos tenham focado a sociometria; seria porque o movimento das forças sociais está mudando com muita velocidade? Cybele Ramalho nos oferece reflexões relevantes e bem elaboradas, indicando a direção da criação moreniana, ou seja, a sociatria, que nos oferece dois métodos fundamentais: o psicodrama e o sociodrama. A autora traz uma lembrança muito válida, ao citar Moreno, para nos alertar quanto ao fato de que usar o psicodrama apenas nos consultórios privados seria como usar um jato para ir até a esquina. A articulação dialética indivíduo-sociedade não permite essa separação psicossocial; daí decorre que a escolha do psicossociodrama e do sociopsicodrama vai depender da porta de entrada que as necessidades da dinâmica do grupo nos proporcionam. Sendo a dinâmica sempre soberana, cabe à direção, metodologicamente sustentada, seguir o caminho por ela apontado.

Eveline Cascardo Ramos faz um relato sobre trabalhos realizados com pessoas que afirmam: "Nada que a gente faça vai mudar nada... Esse mundo não é pra gente". O trabalho socioterapêutico, como ela o denomina, é o caminho para a pesquisa-ação. Pela relevância do tema, esse estudo levanta questões cruciais da vida da população brasileira à margem das oportunidades do viver.

Liana Costa e Maria Inês Conceição, preocupadas em buscar fundamentações teóricas, apóiam-se nos autores da complexidade, pensamento bastante atual, fazendo-nos pensar e problematizar o conceito de intersubjetividade e a concepção do caráter democrático dos métodos morenianos. A matriz sociométrica de um grupo é democrática ou, com o antagonismo das escolhas, nos oferece o primeiro contato com o drama do grupo? As escolhas são mais voltadas ao protagonista ou ao lugar de esconderijo do verdadeiro drama? No pensamento da complexidade prevalece a fala do Um, da subjetividade dominante. Questões interessantíssimas.

Stela Fava nos lembra, em uma síntese, das regras básicas do psicodramatizar, permitindo, com olhar astuto, perceber não a prática, mas a práxis moreniana.

Mara Sampaio e Yvette Datner apresentam um modelo de projeto para as práticas institucionais, de certo modo questionando a necessidade ou não desse procedimento.

Finalmente, o termo *socioeducativo* é colocado em questão no trabalho de Maria Amalia Vitale sobre grupos socioeducativos na implementação das políticas públicas. São apresentadas indagações bastante pertinentes para a reflexão de todos nós, não só no âmbito da assistência social.

Estes textos, para aqueles que gostam de pensar e refletir, serão intensamente estimulantes. Afinal, profissionalizar-se é transformar-se a cada dia.

Marisa Nogueira Greeb
Consultora, supervisora, terapeuta e docente
nas áreas de sociodinâmica, psicodrama e sociodrama.

INTRODUÇÃO

Heloisa Junqueira Fleury
Marlene Magnabosco Marra

A Seção Transcultural da International Association for Group Psychotherapy and Group Processes (IAGP), coordenada por Heloisa Junqueira Fleury, promoveu, em 2007, uma pesquisa internacional sobre as perspectivas e tendências das práticas grupais no mundo contemporâneo. Participaram colegas de 26 países – Alemanha, Argentina, Austrália, Brasil, Canadá, Chile, Costa Rica, Croácia, Dinamarca, Eslovênia, Espanha, Estados Unidos, Finlândia, França, Geórgia, Grécia, Israel, Itália, México, Nova Zelândia, Noruega, Reino Unido, Suécia, Suíça, Turquia e Uruguai –, ajudando a construir um panorama significativo dessa prática no mundo.

A maioria deles era composta de profissionais altamente qualificados, muitos eram professores de universidades, de cursos de formação, e supervisores de grupo. Provavelmente pela inserção acadêmica, muitos expressaram um olhar pesquisador sobre suas próprias práticas.

Um detalhe interessante é que vários deles mencionaram utilizar uma abordagem teórica básica, à qual acrescentam diferentes contribuições, o que pode significar uma fertilização transversal entre teorias.

Nesse grupo, a maturidade profissional pareceu refletir-se em preocupação com a formação profissional de novas gerações e num movimento de ir além de sua própria formação original, buscando novas articulações teóricas e práticas.

Outro aspecto interessante foi a população-alvo das intervenções. Em outros países, há áreas de atuação ainda pouco habituais entre nós, como trabalhos grupais com refugiados, vítimas de tortura e de traumas, criminosos de alta periculosidade, diálogo entre populações com conflitos intensos etc. No Brasil, por outro lado, mesmo havendo uma pluralidade de aplicações, predominam trabalhos com populações caracterizadas pela vulnerabilidade social. Essas especificidades regionais refletem a busca de novas metodologias para atender às demandas sociais emergentes em cada sociedade.

Muitos profissionais brasileiros relataram experiências voltadas para o desenvolvimento de recursos para a auto-sustentabilidade de comunidades, evidenciando a importância de o próprio grupo buscar soluções viáveis para as reais necessidades locais. Confirma-se, dessa forma, a demanda da sociedade brasileira por novas práticas socioeducativas.

A educação, em seu sentido amplo, é um meio de continuidade social. Valoriza uma qualidade informal que reelabora a noção e a prática da aprendizagem em seu sentido de reconstrução política. Essa educação inclusiva favorece a emancipação do cidadão (Demo, 2004), assumindo um caráter amplo, segundo o qual sua institucionalização é apenas um dos espaços sociais onde ela acontece.

Considerando que, como diz Demo (2004, p. 11), "a qualidade da democracia é diretamente proporcional à qualidade educativa da população", podemos afirmar hoje que a educação só pode ser viável quando, de forma integral, articula-se com a saúde, cultura, nutrição, geração de renda, gerenciamento de pessoas e todos os demais componentes da totalidade do ser humano.

Nessa pesquisa, observou-se que os clínicos atuam em consultório, com práticas individuais, grupais, com casais e famílias, e que, porém, muitos deles atuam também na saúde pública e em instituições ligadas à saúde mental e social.

Chama a atenção o número de modalidades direcionadas a populações homogêneas, expressando o incremento de intervenções grupais temáticas, com foco em etapas de desenvolvimento, sintomas, resolução de conflitos etc.

Numa análise de objetivos, a maioria visa ao empoderamento de populações, com trabalhos voltados para grupos de mulheres. Há uma tendência evidente de busca de novas metodologias, desenvolvimento de recursos técnicos, adaptação de contribuições de outras abordagens, objetivando o aumento dos recursos internos para facilitar o enfrentamento, por parte dessas populações, de situações externas adversas.

Essas constatações confirmam o desenvolvimento das intervenções grupais de tempo limitado. Seus objetivos de trabalho focado, avaliação de recursos metodológicos e otimização dos recursos individuais e grupais podem ser mais bem aproveitados por haver uma tendência global de trabalho com populações sob o impacto de condições específicas locais, em geral altamente adversas.

Confirmam também que o conceito de resiliência deverá ser mais bem explorado no futuro, porque transpassa todas as abordagens atuais, podendo ser um importante marcador do desenvolvimento individual e grupal.

A transculturalidade dos grupos é um ponto menos apontado pelos respondentes, porém, fica evidente quanto essa dimensão poderá ser importante. Tratando-se de populações de diferentes países, há distinções entre idioma e linguagem que precisariam ser mais bem analisadas.

Como promover novas fertilizações transversais, buscando recursos metodológicos que possam ser úteis em diferentes culturas? O olhar pesquisador parece estar favorecendo a avaliação de metodologias aplicadas aos trabalhos grupais. Quem sabe em um futuro próximo possamos ter mais clareza quanto aos recursos, apontados por pesquisas, oferecidos por diferentes abordagens teóricas.

A diversidade de aplicações em todas as regiões do mundo confirma uma observação importante para nós, no Brasil: a sociedade vem percebendo que é preciso resolver problemas que o Estado sozinho não tem condições de enfrentar. As políticas públicas são cada vez mais estimuladas pelas nossas práticas. Há a necessidade de agregar sistemas diferentes, instituições e fazeres profissionais, pois políticas tratam de questões coletivas.

Nesse sentido, constatamos um Estado mínimo no que diz respeito às definições de políticas públicas que atingem a demanda de toda a população. Em contrapartida, encontramos uma sociedade civil mais organizada, recebendo apoio e formando parcerias com diferentes instituições de responsabilidade social, ONGs (organizações não governamentais), Osips (organizações sociais de interesse público) e instituições privadas voltadas à prevenção e ao tratamento.

Essa rede de segurança preventiva e protetora das iniciativas sociais voltadas para todas as camadas da população constitui o contexto de trabalho da intervenção socioeducativa. Por ser considerada como uma terapia comunitária, ampliam-se as oportunidades de emancipação e de transformação do capital humano, social e produtivo do grupo.

A perspectiva de ajustes na recuperação da qualidade de vida das pessoas, a emancipação do cidadão, a sustentabilidade de suas demandas, a ampliação da rede de segurança e o acesso à justiça formam um campo propício para a efetivação de programas, projetos e planos de ação. Estes devem abranger desde aqueles que tratam da subsistência da população, passando pela formação de multiplicadores ou agentes sociais, até aqueles que promovem os sujeitos, desenvolvendo visão crítica, resiliência e capacidade para o enfrentamento de diferentes situações.

Intervir fundamenta-se no postulado de que o conhecimento representa um valor ou um bem e que a sua conquista é um dos elementos de uma estratégia de mudança (Dubost, 2001). A reflexão é desencadeadora do conhecimento uma vez que propaga uma ressonância no espaço e cria um movimento de desenvolvimento da consciência. A proposta das práticas grupais enfatiza a importância de encontrar o saber local para a construção do saber coletivo.

As práticas sociais ou comunitárias têm uma proposta interventiva. Promovem mudanças e organizam os grupos, demonstrando eficácia como instrumento de intervenção social e de atenção básica à saúde e valorizando a prevenção e a qualidade de vida. Toda situação social que gera ampliação de consciência devido a uma ação-reflexão-ação é uma forma de intervenção.

Os grupos constituem contextos privilegiados para prevenção, articulação e transformação, já que a criação de oportunidades implica o desenvolvimento humano. Requerem profissionais disponíveis, que não estejam fixados em suas especialidades e que abram perspectivas para o "cuidado" com o outro, possibilitando a criação de um território fértil para o desenvolvimento. Quanto mais tivermos parceiros, do compartilhar e do vivenciar, mais próxima a sociedade estará da sua auto-sustentabilidade (Marra, 2004).

O enfoque das intervenções e práticas sociais está ligado à psicologia social crítica e histórica, segundo a qual o homem está sempre em construção. Sabemos que a luta pelos direitos humanos no Brasil é recente, tendo se fortalecido com a oposição ao regime militar nos anos 1970. A psicologia associada aos direitos humanos é uma prática atual e não tem por finalidade produzir mais uma especialidade, mas procura consolidar uma prática psicológica voltada para a dimensão histórico-política.

As intervenções socioeducativas constituem-se em ações formativas por excelência porque cultivam a autonomia e o pensamento crítico e criativo, sempre proporcionando a oportunidade de participação. Sabemos que a capacidade espontânea e criativa do ser humano demanda renovação na educação, o que é viabilizado nas interações sociais vivenciadas nessas intervenções, que são, em si, potencialmente terapêuticas.

No contexto das intervenções socioeducativas, é importante a valorização do sujeito na sua cultura, assim como os significados dados por ele devem ser a fonte do que é ensinado ou aprendido. Essas intervenções supõem uma educação continuada, propondo que os atores, na interação grupal, tornem-se os geradores de seu próprio funcionamento e desenvolvimento.

De acordo com Paulo Freire (1997, p. 107),

> A educação popular constitui uma prática referida ao fazer e ao saber das organizações populares, que busca fortalecê-las enquanto sujeitos coletivos e, assim, contribuir através de sua ação-reflexão ao necessário fortalecimento da sociedade civil e das transformações requeridas, tanto

para a construção democrática de nossos países, como para o desenvolvimento econômico com justiça social.

O aprender confunde-se com a vida, o que leva à tendência de aumento da expectativa sobre as novas possibilidades de aprendizagem (Demo, 2004). Na comunidade educativa, todos os atores sociais são estimulados a exercitar suas práticas e modos de ver o mundo. Como declaram Moreno (1972) e Morin (2000), precisamos dos outros para sobreviver, viver e nos desenvolver. O conhecimento é adquirido em comum, na multiplicação das experiências. O desafio é cuidar da aprendizagem e ser um eterno aprendiz. A politicidade da educação significa sua potencialidade de desenvolver a capacidade de intervenção no destino das pessoas e da sociedade à medida que se forjam sujeitos, numa relação intersubjetiva, que comporão comunidades (Demo, 2004).

Moreno criou os fundamentos de uma teoria e metodologia próprias das ciências sociais e aplicáveis à intervenção socioeducativa. A qualidade informal da educação psicodramática indica espaços e movimentos entre os saberes mencionados e os demais saberes, o trânsito entre psicodrama e as mais diversificadas formas de abordagem, tendo a ação com sentido moreniano como estratégia para o caminho que queremos construir. Como todos os saberes, este demanda do educador um exercício permanente. Somos todos sujeitos históricos, sociais e culturais do ato de conhecer. Tanto as competências técnico-científicas quanto as habilidades pessoais, a ética e a estética devem fazer parte do desenvolvimento do nosso trabalho, constituindo um ambiente favorável à produção do conhecimento.

O aprimoramento das virtudes pessoais, somado à apropriação do saber, nos possibilita intervenções dialéticas e problematizadas, convergindo contraditoriamente para a unidade em meio à diversidade das ações e pessoas. A qualidade educacional do psicodrama possibilita a cada um, ao ser instigado pelo que não se sabe ainda, refazer seus conhecimentos; busca a complementaridade de idéias e conceitos na unidade da multiplicidade (Marra, 2004).

CONSIDERAÇÕES FINAIS

A educação psicodramática inclui-se no que vem sendo denominado *transdisciplinaridade*. Pensar transdisciplinarmente é a forma de pensar de acordo com novos paradigmas. Segundo Nicolescu *et al.* (2000), a transdisciplinaridade é uma visão operativa e operacional do todo. É uma reflexão sobre a natureza de nosso saber, sobre os processos da complexidade no seio das disciplinas e na sociedade, mas é também uma reflexão sobre a natureza da própria mente.

A transdisciplinaridade, como o prefixo trans- indica, diz respeito àquilo que se encontra ao mesmo tempo entre as disciplinas, através das disciplinas e além de quaisquer disciplinas. Seu objetivo é a compreensão do mundo presente.

Após compreendermos o conceito de transdisciplinaridade, temos agora condições de retornar ao início do texto e direcionar mais um olhar aos resultados da pesquisa. Vários são os contextos em que as demandas se apresentam, distintas são as abordagens indicadas para as intervenções, diferentes são as proposições e os objetivos requeridos pelos grupos, populações, culturas, linguagens, com significados diversos que constituem valores para cada um, sendo que diversificadas formas de intervenção perpassam pelo caminho do profissional. O que leva a dizer que também o profissional está em constante processo de educação e que sua formação, sua disponibilidade para as mudanças e sua não fixação em nenhuma especialidade são elementos básicos para qualquer prática educativa. Essa conjuntura permeia distintos âmbitos do processo educativo e confirma que cada profissional deve reconhecer a especificidade das diferentes práticas e dos diferentes espaços onde elas acontecem e cuidar da qualidade de vida. Só com essa pedagogia voltada ao reconhecimento e à politicidade do cuidado (Demo, 2004) poderemos alcançar os níveis de realidade que garantem efetividade (espaço exterior) e afetividade (espaço interior) crescentes, sustentando a ligação entre o todo e nós mesmos (Nicolescu *et al.*, 2000).

Assim, a intervenção não constitui um fim em si, mas uma possibilidade de ampliar o conhecimento e a consciência dos participantes, além de permitir que os limites sejam transformados em desafios, uma vez que o pertencimento, o envolvimento e a participação, entre outros aspectos, estão presentes nessa interação.

Assim nasce este livro. Nossa perspectiva é a de que seja criado um espaço de interlocução e haja a ampliação de redes entre profissionais que trabalham com grupos, tendo como meta a saúde social e o fortalecimento das relações interinstitucionais e envolvendo as práticas grupais, as políticas públicas e as organizações dos sistemas de assistência. Acreditamos em um conhecimento que vá se construindo na relação, que traga propostas para cada uma das demandas sociais e que implique a impossibilidade de uma teoria completa, acabada e fechada em si mesma.

Podemos concluir, então, que a educação, segundo a visão sociopsicodramática, promove mudança e transformação dos atores envolvidos. Caracteriza-se como uma ação terapêutica que implica uma interação (relação / fazer), resultando na aprendizagem de um papel, uma idéia ou um conceito. A intervenção socioeducativa, utilizando como método o sociopsicodrama, oferece um ensinamento preciso para a vida de todos os participantes e no que concerne às nossas ações no mundo.

Referências bibliográficas

DEMO, P. *Professor do futuro e reconstrução do conhecimento*. 2. ed. Petrópolis: Vozes, 2004.

DUBOST, J. "Notas sobre a origem e evolução de uma prática de intervenção psicossociológica". In: MACHADO, M. N. M.; CASTRO, E. M.; ARAÚJO, J. N. G.; ROEDEL, S. (orgs.). *Psicossociologia: análise social e intervenção*. Belo Horizonte: Autêntica, 2001, p. 165-77.

FREIRE, P. *Pedagogia da autonomia: saberes necessários à prática educativa*. São Paulo: Paz e Terra, 1997.

MARRA, M. M. *O agente social que transforma: o sociodrama na organização de grupos*. São Paulo: Ágora, 2004.

MORENO, J. L. *Psicodrama*. Trad. Álvaro Cabral. São Paulo: Cultrix, 1972.

MORIN, E. *Os sete saberes necessários à educação do futuro*. Trad. Catarina Eleonora F. da Silva e Jeanne Sawaya. 2. ed. São Paulo / Brasília: Cortez / Unesco, 2000.

NICOLESCU, B. et al. *Educação e transdisciplinaridade*. Trad. Judite Vero, Maria F. de Mello e Américo Sommerman. Brasília / São Paulo: Unesco / Escola do Futuro (USP), 2000.

I. A HISTÓRIA E O DESENVOLVIMENTO DO PSICODRAMA SOCIOEDUCACIONAL NO BRASIL

HERIALDE OLIVEIRA SILVA

O psicodrama socioeducacional começou quando Jacob Levy Moreno, criador do método psicodramático, ainda era estudante de medicina em Viena, Áustria. Essa afirmação está documentada no livro *J. L. Moreno: pensamiento y obra del creador de la psicoterapia de grupo, el psicodrama y la sociometria*. Escrito pelo doutor Juan Pudink, foi lançado no IV Congresso Internacional de Psicodrama, realizado em Buenos Aires, em agosto de 1969, organizado pela Associação Argentina de Psicodrama e Psicoterapia de Grupo, da qual era presidente Jaime G. Rojas-Bermúdez. A obra foi escrita para homenagear J. L. Moreno, presidente honorário do evento. O próprio homenageado fez o prólogo, qualificando e validando seu autor pela revisão bibliográfica de toda a trajetória moreniana.

A autora do marco teórico do psicodrama socioeducacional, na Argentina e no Brasil, foi Maria Alicia Romaña. Em 1963, ela se formou em Psicodrama e Psicoterapia de Grupos, em Buenos Aires. Em 1969, apresentou oficialmente o "Psicodrama Pedagógico" no IV Congresso Internacional de Psicodrama. Em 1976, mudou-se para São Paulo, onde desenvolveu projetos, escreveu livros, supervisionou, orientou monografias, ministrou cursos e fundou a primeira escola brasileira de psicodrama pedagógico, participando das escolas e cursos que surgiram depois em todo o Brasil. Em 2005, Romaña voltou à Argentina, sua terra natal.

Tendo em vista a rica e longa história do psicodrama socioeducacional, bem como seu desenvolvimento repleto de acontecimentos relevantes, optei por registrá-los através da linha do tempo.

A HISTÓRIA

1908-1911 – J. L. Moreno, ainda estudante de medicina, usa estratégias sociodramáticas com grupos de crianças nos jardins de Viena, Áustria, instigando-as a se rebelarem contra o mundo estereotipado dos adultos. Moreno, além de medicina, estuda filosofia e matemática, sendo influenciado por Rousseau, Pestalozzi e Froebel (Pudink, 1969, p. 28).

1913-1914 – Moreno faz parte de uma equipe que trabalha com doenças venéreas num gueto de prostitutas (Viena), ajudando-as de forma sociodramática a ser o que eram: prostitutas (*ibidem*).

1915-1917 – Moreno desenvolve suas atividades num campo de refugiados tiroleses em Mittendorf, nos arredores de Viena, e esse trabalho ajuda-o mais tarde a desenvolver suas teorias sociométricas (*ibidem*, p. 29).

1921 (1º de abril) – Marco oficial do primeiro trabalho psicodramático dirigido por Moreno, no Komedien Haus de Viena, ante um público de mais de mil pessoas, para tratar, de forma sociodramática, uma síndrome cultural patológica, usando um trono vermelho e uma coroa dourada.

1925 – Moreno sai da Europa e vai residir nos Estados Unidos, em Nova York, onde começa a desenvolver seu trabalho sobre a dinâmica dos grupos e a psicoterapia de grupo (Pudink, 1969, p. 30).

1932 – Na Escola Estadual de Reeducação para mulheres, em Hudson, Nova York, Moreno realiza estudo profundo dessa comunidade de jovens delinqüentes e suas cuidadoras. Essa experiência proporciona a elaboração dos métodos sociométricos e as bases da sociometria como ciência (*ibidem*, p. 32).

1935 – O presidente Roosevelt, dos Estados Unidos, chama Moreno para uma entrevista, que resulta num projeto de reeducação dos prisioneiros de Sing Sing (*ibidem*).

1945 – Segunda Guerra Mundial. O general norte-americano Jenkins utiliza a sociometria para determinar os responsáveis pelas equipes aeronavais que participaram da guerra do Pacífico. Com a criação da Marinha de Guerra, o teste de espontaneidade é usado para selecionar oficiais. As técnicas sociométricas também são aplicadas para a seleção dos comandantes de ultramar (Pudink, 1969, p. 32).

Nesse mesmo ano, em uma universidade americana, Moreno dirige o sociodrama "O problema negro–branco" numa oficina intercultural (Malaquias, 2004, p. 11).

1949 – Desse ano em diante, como conferencista, congressista e professor, Moreno divulga o psicodrama e suas idéias em mais de trinta universidades de vários estados norte-americanos, começando por Harvard University. Também vai a universidades na Alemanha, Áustria, Canadá, antiga Tchecoslováquia, França, Grã-Bretanha, Grécia, Hungria, Israel, Itália, Iugoslávia, México, Noruega, Polônia, Suíça, Turquia e União Soviética; porém, não vem ao Brasil.

1974 – Falecimento de J. L. Moreno em maio, nos EUA.

1990 – Um dos seguidores de Moreno, o médico argentino Dalmiro Bustos, traz para o Brasil, em 1975, uma nova forma de ler, manejar e ensinar o psicodrama, sendo terapeuta e supervisor de muitos psicodramatistas brasileiros até os dias atuais. No texto "O centenário do mestre", do livro *O psicodramaturgo* (1990, p. 27), ele escreve o que Moreno pessoalmente lhe afirmara: "Disse-me certa ocasião que, antes do fim do século, todas as comunidades estariam usando o psicodrama para fins comunitários". E isso realmente aconteceu.

RAÍZES DO PSICODRAMA SOCIOEDUCACIONAL BRASILEIRO

1949 – O sociólogo baiano, negro, Alberto Guerreiro Ramos, dirige sociodramas no Instituto Nacional do Negro, no Rio de Janeiro, tratando das relações entre negros e não negros (Malaquias, 2004, p. 11).

1950 – Em seminário de grupoterapia organizado pelo Instituto Nacional do Negro, Guerreiro Ramos dirige sociodramas, focalizando, entre outros temas, preconceito e restrições que os negros encontram ao buscar certos tipos de empregos (Malaquias, 2004, p. 17).

1965 – Pierre Weil cria o Teatro de Psicodrama da Escola de Administração Clemente de Faria, do Banco da Lavoura de Minas Gerais (Davoli, 1984, p. 5).

1967 – Pierre Weil lança o psicodrama nos meios universitários e educacionais da capital mineira (Malaquias, 2004, p. 6).

1968 – Lea Porto forma grupos de estudos de formação de técnicos em psicodrama, no Instituto Pedagógico de Minas Gerais.

1969 – Maria Alicia Romaña, no Brasil, inicia e coordena a formação em psicodrama pedagógico no Grupo de Estudos de Psicodrama de São Paulo (GEPSP). Esse grupo forma os primeiros psicodramatistas brasileiros no foco psicoterápico (Motta, 2006, p. 152).

A direção desse grupo é de Jaime G. Rojas-Bermúdez (Motta, 2006, p. 152), médico colombiano que desenvolveu sua prática na Argentina, onde viveu por muitos anos (Costa, 2001). Atualmente ele está radicado na Espanha.

DESENVOLVIMENTO DO PSICODRAMA SOCIOEDUCACIONAL NO BRASIL

1970 – O GEPSP organiza o V Congresso Internacional de Psicodrama, no Museu de Arte Moderna de São Paulo, e a Escola Juca Peralta, paulistana, apresenta trabalho com psicodrama pedagógico em sala de aula como método de alfabetização, utilizando objetos intermediários e dramatizações (1977).

Após o Congresso, o GEPSP é extinto e seus coordenadores fundam em São Paulo os seguintes grupos:
- Associação Brasileira de Psicodrama e Sociodrama (ABPS), em 3 de dezembro, onde ministram cursos de formação em psicodrama pedagógico e terapêutico.

- Sociedade de Psicodrama de São Paulo (SOPSP), em 15 de dezembro. No início, só oferecem a formação em psicodrama terapêutico. Logo em seguida, criam a formação em psicodrama pedagógico para assistentes sociais (Davoli, 1984, p. 7).

1971 – Ex-aluna do GEPSP, Marisa Nogueira Greeb, para dar continuidade à formação dos grupos, interrompida pela extinção do GEPSP, convida Maria Alicia Romaña a fundarem juntas a primeira escola de psicodrama pedagógico brasileira: a Role Playing Pesquisa e Aplicação Ltda., em São Paulo (*ibidem*, p. 7).

1973 – Fundação do Grupo de Estudos e Trabalhos Psicodramáticos (Getep), em São Paulo, por Maria Alice Vassimon. Objetivos: formar educadores em psicodrama pedagógico e levar o psicodrama aos menos favorecidos, incluindo moradores de rua.

1975 – Surge a Associação Campineira de Psicodrama e Sociodrama, oferecendo cursos de formação em psicodrama pedagógico e terapêutico.

1976 – A Escola de Comunicações e Artes da Universidade de São Paulo (ECA/USP) realiza a fundação do curso de pós-graduação em psicodrama pedagógico (*ibidem*, p. 8)

1976 – Surge o Instituto de Psicodrama de Ribeirão Preto, estado de São Paulo, oferecendo formação em psicodrama terapêutico e pedagógico (*ibidem*, p. 9).

1977 (14 de março) – No Centro Paranaense de Estudos Psicodramáticos, em Curitiba, Herialde Oliveira Silva implanta e desenvolve o projeto de sua autoria para a formação da primeira turma de psicodrama pedagógica do Paraná, formando 25 psicodramatistas.

10 de agosto – Fundação em São Paulo do Eu-Tu Núcleo Psicopedagógico por Herialde Oliveira Silva. Curso de formação em psicodrama para terapeutas e educadores, oficinas de criatividade para crianças e expressão corporal.

A Sociedade de Psicodrama da Bahia, em Salvador, promove cursos de formação em psicodrama pedagógico e terapêutico (Davoli, p. 9).

1978 – Maria Alicia Romaña cria a Oficina de Psicodrama Pedagógico, onde ministra formação em psicodrama pedagógico para não terapeutas e promove eventos psicodramáticos.

I Congresso Brasileiro de Psicodrama, em Serra Negra, estado de São Paulo. Organizado pela Federação Brasileira de Psicodrama (Febrap) e seu primeiro presidente Içami Tiba. Alunos, coordenadores e professores dos cursos privados de psicodrama pedagógico participam como convidados.

Fundação da Sociedade Goiana de Psicodrama (Sogep), em 4 de agosto, no estado de Goiás, com ministração de cursos de formação em psicodrama pedagógico e terapêutico.

Aldo Silva Junior e Marisa Schmitd Silva fundam a Conttexto Associação de Psicodrama do Paraná, oferecendo cursos de formação em psicodrama pedagógico e terapêutico, além de criarem a Troupe de Artes Espontâneas – Teatro de Ressignificação, tendo como símbolo o Oxímoro.

1980 – II Congresso Brasileiro de Psicodrama, em Canela, Rio Grande do Sul. Flávio Pinto preside a Febrap. Alunos, professores e coordenadores dos cursos de psicodrama, ainda como no I Congresso, participam como convidados.

1980 – Fundação do Centro de Psicodrama de Brasília (CPB), com formação em psicodrama psicoterapêutico e pedagógico. A formação em psicodrama pedagógico é ministrada pelas psicodramatistas socioeducacionais: Cely Wagner, Herialde Oliveira Silva, Rosa Lídia Pacheco e Yvette Datner. Esse centro realiza importantes trabalhos na área social na região.

1982 – III Congresso Brasileiro de Psicodrama, em Caiobá, Paraná. Ismael F. Zanardini preside a Febrap. Começa o movimento para a inclusão das escolas e dos cursos privados de psicodrama pedagógico na Federação Brasileira de Psicodrama.

1983 – Fundação da Associação Brasileira de Psicodrama Pedagógico, sendo Arthur Marinho o seu primeiro presidente.

1984 – Carlos Borba, Regina F. Monteiro, Ronaldo Pamplona e Vânia Crelier dirigem, na Câmara Municipal de São Paulo, o sociodrama "Psicodrama das Diretas Já".

IV Congresso Brasileiro de Psicodrama, em Águas de Lindóia, estado de São Paulo. José Carlos Landini preside a Febrap. Luis Falivene R. Alves é o presidente do Congresso. Alunos, coordenadores e professores dos cursos de psicodrama pedagógico participam ativamente como congressistas.

1985 – Maria Antonia K. D'Arce é eleita a segunda presidente da Associação Brasileira de Psicodrama Pedagógico (ABPP).

A Febrap, presidida por Geraldo Amaral, oficializa a inclusão do psicodrama pedagógico das federadas e o registro dos diplomas dos formandos e formados, e abre a federalização para as escolas privadas.

1987 – A ABPP é desativada.

Em São Paulo, é fundada a Animus, Psicodrama e Educação, sob a direção de Leila Maria Kim. Oferece formação apenas para o foco socioeducacional.

1988 – Retomada da ABPP. Herialde Oliveira Silva é sua terceira presidente. Em assembléia geral, são revistos o estatuto e o logotipo, e seu nome fica abreviado e registrado em cartório como Associação Brasileira de Psicodrama (ABP). Promove eventos sociais, mensais, e culturais, semanais, para resgatar e ampliar o quadro de seus associados.

1989 – I Encontro Brasileiro de Psicodrama, no Hotel Rancho Silvestre, em Embu das Artes, São Paulo. É organizado pela ABP, presidida por Herialde Oliveira Silva. O evento conta com o apoio da prefeitura local e a participação de psicodramatistas. O foco do encontro é psicoterapêutico e socioeducacional em todas as atividades – mesas, vivências, supervisões –, com participantes de todo o Brasil.

1990 – Departamento de Psicodrama do Instituto Sedes Sapientiae, em São Paulo. A convite de sua coordenadora geral, Dalka Chaves de Almeida Ferrari, ocorre o projeto e a implantação do curso de psicodrama pedagógico de autoria e coordenação de Herialde Oliveira Silva.

1991 – Com a instituição da Câmara de Ensino e Ética é realizado o primeiro estudo para a extinção das normas básicas estabelecidas pelo Conselho Normativo e Fiscal da Febrap para o funcionamento dos cursos de formação, dando início ao documento que rege hoje o ensino e a pesquisa: Princípios Gerais para a formação de psicodramatistas. Esse estudo parte de uma pesquisa feita pelas federadas e é coordenado por Marlene Magnabosco Marra (Brasília) e Maria Amélia Lira Gomes (Salvador). A elaboração dos Princípios Gerais desde essa época, como ainda hoje, muito contribuiu para a organização do psicodrama socioeducacional.

1992 – VIII Congresso Brasileiro de Psicodrama. Geraldo Massaro preside a Febrap. Maria Rita D. Seixas preside o Congresso. O evento é realizado no Colégio Santa Cruz, em São Paulo. Trata-se do primeiro contexto socioeducacional escolhido para a realização de um congresso de psicodrama.

1994 – Em 21 de outubro, é fundada a Acto Desenvolvimento Profissional e Pessoal, sob a direção e coordenação de Rosa Lídia P. Pontes. Curso com foco socioeducacional, principalmente para profissionais da área empresarial.

1995 – I Pesquisa Nacional com o método psicodramático. Projeto: "Práticas de Informação, Educação e Comunicação (IEC) em Temas de Planejamento Familiar para Grupos Comunitários". Esse projeto é aplicado nos seguintes estados: Paraná, Rio Grande do Sul, Ceará, Pará e São Paulo. Promotores: CNBB, por intermédio da Pastoral da Criança, e Fundo de População das Nações Unidas (Unicep); Unidade Funcional Nacional: Aldo Silva Junior (diretor) e Herialde Oliveira Silva (ego-auxiliar), educadores, psicólogos, psicodramatistas, didatas e supervisores da Febrap.

Essa pesquisa é apresentada no X Congresso Brasileiro de Psicodrama, realizado em Rio Quente, Goiás, em 1996, e no I Congresso Ibero Americano de Psicodrama, em Salamanca, na Espanha, em 1997.

1996 – Yvette Datner é registrada pela Febrap como a primeira psicodramatista didata foco socioeducacional a apresentar monografia para receber titulação.

1997 – I Encontro de Psicodrama Aplicado a Empresas (17 a 19 de outubro), promovido pela Associação de Psicodrama e Sociodrama Revolução Creadora, tendo a participação das psicodramatistas do foco socioeducacional mais atuantes no movimento psicodramático.

1998 – No XI Congresso Brasileiro de Psicodrama, em Campos do Jordão, estado de São Paulo, na gestão 97/98 da Febrap, presidida por Marlene Magnabosco Marra, é realizado pela primeira vez o que se convencionou chamar "Comunidade em Cena". Trata-se de atividades que os congressistas realizam fora do espaço do congresso – na comunidade, nas escolas e instituições de modo geral –, com o objetivo de atender à comunidade em torno do contexto do congresso.

1999 – Heloisa Fleury, então presidente da Febrap, convida para a Diretoria de Ensino e Ciência a pedagoga Teresinha Gaiola, que revê junto com professores e coordenadores de cursos de psicodrama os "Princípios Gerais" para formação e titulação de psicodramatistas.

2001 – A convite da prefeita de São Paulo, Marta Suplicy, é promovido o Psicodrama da Cidade, com o tema: "Ética é Cidadania", e com o mote: "O que você pode fazer para ter uma feliz cidade?". Mais de 150 psicodramas simultâneos realizados na capital paulistana. Organizam o evento Marisa Nogueira Greeb e a Equipe da *Role Playing*, com o apoio do CRP e da Febrap. As federadas também participam, representadas pelos diretores e egos-auxiliares e psicodramatistas, até mesmo de outras cidades, estados e também do exterior, que dirigem essas vivências numa rede de solidariedade.

Durante a segunda gestão de Heloisa Fleury como presidente da Febrap, a diretora de Ensino e Ciência, Madalena Cabral Redher, constitui um grupo de trabalho com docentes de várias escolas federadas de psicodrama para criar o projeto de formação continuada (níveis I, II e III).

2002 – Início dos Psicodramas Públicos no Centro Cultural Vergueiro, coordenados por Antonio Carlos Cesarino, Regina F. Monteiro e Maria Aparecida Davoli. Participam, como diretores e egos-auxiliares, psicodramatistas dos focos socioeducacional e terapêutico.

6 de dezembro – Aprovada em Assembléia Geral Ordinária a normatização dos "Princípios Gerais" de formação e titulação em psicodrama, efetivando a formação continuada Nível I (psicodramatista), Nível II (psicodramatista didata) e Nível III (psicodramatista supervisor).

2003 – Maria Cecília Veluk Batista preside a Febrap. Stella Regina de Souza Fava, educadora e psicóloga, é a Diretoria de Ensino e Ciência. Ela e suas assessoras implantam oficialmente a formação continuada.

2005-2006 – Os trabalhos no foco socioeducacional proliferam. Nos congressos e jornadas das escolas de formação em psicodrama são apresentados trabalhos realizados nos mais diferentes espaços sociais, com crianças, jovens, adultos e a terceira idade, nas áreas: esportiva, empresarial, jurídica, artística, escolar (em todos os níveis), educação especial, instituições públicas e privadas, comunidades sociais e governamentais, com pais, professores, alunos, cuidadores, empresários, funcionários, homossexuais, atores, vítimas da violência, gestantes, juízes, advogados, médicos, enfermeiros, presidiários, moradores de rua, deficientes físicos etc., multiplicando e divulgando cada vez mais o projeto socionômico de Moreno.

2007 – O psicodrama socioeducacional no Brasil conquista o lugar que sempre mereceu, sendo reconhecido em todo o território nacional, caminhando lado a lado com o psicodrama foco psicoterápico, ganhando espaços para estudos, pesquisas, reflexões e compromissos políticos e sociais.

CONCLUSÃO

A história do psicodrama no Brasil vai muito além da relatada aqui, sobretudo porque neste texto abordamos principalmente o foco socioeducacional. O caminho foi árduo, a luta foi grande, mas valeu a pena, pois o trabalho psicodramático socioeducacional na área social, na educação e na política brasileira é conhecido e reconhecido. Quem sabe faz a hora, não espera acontecer!

Referências bibliográficas

Bustos, D. M. "O centenário do mestre". In: Aguiar, M. (coord.). *J. L. Moreno, o psicodramaturgo*. São Paulo: Casa do Psicólogo, 1990.

Costa, R. P. "A chegada do psicodrama no Brasil: sua história de 1960 a 1970". *Revista Brasileira de Psicodrama*, São Paulo, v. 9, n. 2, p. 11-36, 2001.

Davoli, M. A.; Souza, J. M. C. M. "Fatos do psicodrama no Brasil". *Revista da Febrap*. Anais do IV Congresso brasileiro de Psicodrama, São Paulo, v. 4, ano 7, n. 4, p. 5-11, 1984.

Ensaios Psicodramáticos. Boletins do Eu-Tu Núcleo Psicopedagógico. São Paulo, 1977-1989.

Jornal em Cena. Informativo da Federação Brasileira de Psicodrama, ano 19, n. 2, jul./dez., 2002.

Malaquias, M. C. *Revisitando a africanidade brasileira: do teatro experimental do negro, de Abdias do Nascimento ao prólogo: problema negro-branco de Moreno*. Monografia (Título de psicodramatista didata supervisor). SOPSP, Febrap, São Paulo, 2004.

Motta, J. M. C. "O psicodrama durante a industrialização, a ditadura e a redemocratização do Brasil". *Revista Brasileira de Psicodrama*, São Paulo, v. 14, n. 2, 2006.

Pudink, Juan. *J. L. Moreno: pensamiento y obra del creador de la psicoterapia de grupo, el psicodrama y la sociometria*. Buenos Aires: Genitor, 1969.

Romaña, Maria Alicia. *Psicodrama pedagógico*. Campinas: Papirus, 1985.

2. PSICODRAMA E EDUCAÇÃO

Marcia Almeida Baptista

Desde o momento em que fui convidada a escrever este capítulo me vi pensando sobre a diferença entre educar e ensinar. Buscando entendê-la, encontrei em Ghiraldelli Jr. as seguintes palavras:

> Temos de lembrar que "educação" tem origem, para nós, não em uma única palavra, mas em duas: *educere* e *educare*, ambas latinas. Os significados, é claro, possuem um ponto comum: elas dizem respeito à formação e criação, ou mesmo instrução. Todavia, onde há a divergência? Resumindo ao máximo: *educere* indica a "condução a partir do exterior", enquanto que *educare* indica a atividade de "sustentar", "alimentar", "criar". Isto é, a primeira tem a ver com a prática educacional de "comando externo", e a segunda tem a ver com a prática educacional que aposta no "desenvolvimento interno". (Ghiraldelli Jr., 2007, p. 23)

Para muitos, isso poderia ser óbvio; para mim foi uma descoberta que se tornou mais explícita com as palavras de Tião Rocha em entrevista à *Folha de S.Paulo*: "O professor ensina, o educador aprende" (Machado, 2007). Tais palavras expressam com clareza o que penso sobre educação e psicodrama.

Terezinha Rios também compartilha das idéias de Moreno quando afirma:

> A educação é um processo de socialização e criação de saberes, crenças, valores, com a finalidade de ir construindo e reconstruindo as socieda-

des, os indivíduos e grupos que a constituem. É um movimento longo e complexo, no sentido de as pessoas nele envolvidas irem renascendo, a cada momento, junto com os outros. (Rios, 1999, p. 40)

Por ora deixo essas idéias de lado e passo a falar de Moreno, que realizou um de seus primeiros trabalhos com prostitutas, evitando colocá-las no caminho do que é considerado certo pela sociedade, incitando-as a buscar suas necessidades e modos de satisfazê-las. Dessa forma descobria a possibilidade de crescimento que cada uma poderia proporcionar à outra. Aí está, em suas origens, uma educação cuja proposta ideológico-política é democrática. Nela, cada um tem com que contribuir, tem um conhecimento que não é necessariamente o validado pela academia, mas tão importante quanto este para a concretização do projeto do grupo.

Mas estou me adiantando. Anteriormente à proposta grupal, temos uma postura filosófica que Moreno e seus companheiros denominaram de seinismo, caracterizada por um grupo que professava a religião do encontro, cujo primeiro princípio "era a 'inclusão total' do ser, e o esforço constante para manter de momento a momento, ininterrupto, o fluxo natural e espontâneo da existência" (Cukier, 2002, p. 266).

Destaco ainda a co-responsabilidade já presente na religião judaica, segundo a qual foi criado. Em sua adolescência, influenciado pelos ensinamentos hassídicos, percebe a si e cada ser humano como responsável pelo cosmo, ou seja, a interdependência entre todas as coisas já está presente em sua forma de ver a vida, uma posição que atualmente denominaríamos de sistêmica. Valoriza uma postura fenomenológica existencial com o privilégio da ação: "Quanto mais exaustiva e honestamente forem atuadas as experiências subjetivas, mais completamente precisas elas se tornam" (Moreno, 1983, p. 230).

Moreno sempre se aproximou das pessoas para ouvi-las e entendê-las, e não para ditar regras. Em suas primeiras experiências descobre a importância do grupo e a eficácia da atuação de cada um de seus membros em relação ao conjunto, e não apenas da atividade do que formalmente assume o cargo de coordenador.

Para Moreno, o grupo é mais do que um conjunto de pessoas, é a conjugação de subjetividades em estruturas sociométricas derivadas da realização de um projeto dramático comum. Não se trata da necessidade de todos realizarem o mesmo movimento, mas da realização de um movimento que congregue as diferenças.

O processo de ensinar psicodrama implica uma educação pela igualdade, em que, parafraseando o título de um livro de Maria Helena Vilela Gherpelli, todos são "diferentes, mas não desiguais" e o binômio ensinar/aprender se mostra presente num sistema de co-aprendizagem. Como vimos, Moreno caminha ao lado dos outros autores citados.

No psicodrama a educação se dá por meio da própria metodologia, sendo que seu processo de ensino/aprendizagem favorece o aparecimento de comportamentos esperados ao mesmo tempo que implica a assimilação de um universo de significação psicodramático. Educa-se com o psicodrama oferecendo um panorama teórico e, simultaneamente, proporcionando a internalização de um modelo, de um clima de valores *in vivo*.

O psicodramatista, ao entrar em contato com um grupo, deve, em primeiro lugar, conhecer seus vínculos e expectativas. Nesse início o que nos guia é a sociometria moreniana. Ou seja, a leitura das estruturas psicológicas derivadas das forças sociais que compelem os indivíduos a fazer escolhas e tomar decisões, numa validação de sua postura democrática, definida por ele como: "a sociologia do povo, pelo povo e para o povo" (Moreno, 1992b, p. 166).

Ao receber um convite para uma palestra sobre depressão para funcionários da Pontifícia Universidade Católica de São Paulo (PUC-SP), poderia iniciar pela apresentação dos dados e dos conhecimentos teóricos que tenho, ou, antes, tentar descobrir quem eram aqueles funcionários, o que esperavam, por que vieram, e, assim, levar as pessoas a se reconhecerem e conhecerem suas expectativas. É tarefa preliminar do psicodramatista conhecer o grupo e fazer que se dê a conhecer.

Esse início baseia-se na proposta moreniana de co-responsabilidade; é como se perguntássemos a cada um: "O que o traz aqui? Você já percebeu com quem você está?", para então buscar, com o grupo, o tema do trabalho. Mesmo quando o trabalho tiver um tema determinado, o viés a ser explorado pelo grupo deverá ser definido conjuntamente. Na construção e explicitação da sociometria grupal, não só o grupo se dá a conhecer, como também os saberes e as necessidades são mapeados. Na atividade com o grupo de funcionários, descobrimos que uns sabem sobre o sofrimento provocado pela depressão, enquanto outros sobre o relacionamento com aquele que sofre. Há os que conhecem a medicação e os que a questionam como forma de tratamento. Alguns já fazem ou fizeram terapia; outros desconhecem suas possibilidades. A conversa e a troca entre todos deixam pouco espaço para que eu fale sobre a questão. Meu trabalho é basicamente ajudá-los a sistematizar um saber compartilhado. Parto do princípio de que não mapear o que o grupo sabe sobre o tema é submetê-lo a uma exposição inútil do já sabido, é colocar seus membros no papel de ignorantes por princípio. A troca de saberes entre todos, mesmo que se trate de um não saber, estimula o grupo a buscar respostas, incentiva e democratiza o poder do falar antes só permitido ao palestrante. A informação médica se faz tão importante e necessária quanto a descrição do sofrimento feita por um dos presentes, que se sente ouvido, compreendido e acolhido pelo grupo.

Esse é um dos pontos essenciais de trabalhos que utilizam a metodologia moreniana: nunca se basear na idéia de que o diretor sabe do que o grupo precisa. Este deve estar ciente de sua responsabilidade na execução do trabalho, e durante esse processo se reconhecer como alguém capaz de buscar respostas e soluções. Como costuma afirmar Wilson Castello de Almeida, "o diretor põe e o grupo dispõe".

Ainda utilizando como exemplo o trabalho com esses funcionários, podemos inferir que a utilização da metodologia nem sempre implica a ida ao contexto dramático, mas que a leitura de cena exposta permite a potencialização de cada um dos elementos presentes na busca de um saber compartilhado.

Em uma atividade com agentes de proteção social, o tema traz uma dificuldade, referente a como lidar com um usuário do programa que está em depressão. O trabalho de co-construção deverá ser voltado ao que pode ser percebido no aqui e agora, ao que angustia o grupo, a descobrir qual é de fato a dificuldade. A busca não deve ser de respostas, mas de abertura de sentidos. É um erro metodológico acreditar na obtenção de uma resposta; como já foi dito, a visão moreniana é sistêmica, refuta a idéia de uma relação causal unívoca. O grupo se mobiliza e co-constrói uma cena possível. Cada um tenta uma forma, buscando sentidos para a depressão e modos de lidar com ela. Nesse trajeto as pessoas deparam com seus momentos depressivos, os sentidos experienciados, as saídas encontradas.

A dramatização nos mostra que muito nos escapa para além do aprendido. Moreno nos alerta de que a cena denuncia o limite do diretor e dos que dela participam. O todo é inatingível e as verdades são muitas. Aqui, educar é dar uma orientação para a busca de possíveis respostas ao problema proposto.

Em ambos os trabalhos, encerramos como dita o método: pelo compartilhar. A máxima do "a cada um o que lhe é de direito" passa a ser enriquecida pelo viver grupal. Os funcionários maravilham-se por tudo que sabiam sem saber; os agentes, compartilhando dificuldades, percebem-se iguais aos seus assistidos, o que ilumina possibilidades de lidar com a situação.

O que se busca é a superação, passar da conserva para uma diferenciação. O instituído é questionado, não importando se provém do universo social ou da construção de uma subjetividade.

Assim concluímos que o psicodramatista/educador não é o único responsável por mostrar o caminho, mas deve auxiliar o grupo a identificar os materiais de que dispõe e pavimentar o caminho.

Raramente tenho domínio do tema a ser desenvolvido, e a cada trabalho amplio muito meu saber sobre o assunto. O mesmo ocorre quando o tema me é conhecido.

Como vimos, elejo a simplicidade de recursos externos e a busca, com o grupo, dos meios para a realização do trabalho. São atividades abertas à co-construção. Mesmo quando é sua função ensinar determinado conteúdo, a co-construção é o caminho psicodramático. Por exemplo: ao chegar, para dar uma aula com o objetivo de ensinar a teoria psicodramática para alunos do curso de psicologia, encontro uns agitados, ensimesmados outros. Pergunto se leram o texto e a resposta é negativa, ninguém leu o texto proposto. Como em todas as aulas, tento reconhecer e mapear a sociometria grupal, a fim de encontrar o tema que poderá nos congregar para um trabalho. A maioria se mostra ansiosa com a prova que fará na aula seguinte à minha. O primeiro impulso que se apresenta é liberá-los para uma última leitura da matéria indicada para a prova da outra disciplina. Assim, eu também poderei escapar da tarefa de dar a aula. Porém, uma saída mais criativa é trabalhar a ansiedade presente, o suposto desconhecimento sobre o que será perguntado na prova. Terminado o aquecimento do grupo, podemos ver que cada um sabe uma parte da matéria da prova, e compartilhar as dúvidas nos leva a dramatizar os conceitos e suas relações. No contexto dramático, cada um dos alunos assume o papel de um deles, sobre o qual tem dúvidas. Interrogo os personagens/conceito. Pouco a pouco se dão conta do que já sabem e trocam entre si esses saberes. Depois disso, peço que, ainda no papel do conceito escolhido, tentem interagir. Buscamos juntos entender como esses conceitos se inter-relacionam. Saímos da aula sabendo um pouco mais da metodologia psicodramática, reconhecendo-nos melhor como grupo. Pessoas que se mostravam arredias à dramatização e distantes em minha aula se revelam conhecedoras de Piaget e ganham nova posição sociométrica. Essa experiência possibilitou mostrar aos alunos uma forma de utilização da metodologia psicodramática, valorizando-a, mesmo para aqueles que não a escolheram como método de trabalho. E eu, junto com os alunos, entendi melhor alguns conceitos de Piaget.

Como pudemos notar, mesmo durante o ensino do psicodrama os rumos são inesperados quando há fundamentação na filosofia, na metodologia e na técnica psicodramática. Torna-se difícil separar o ensinar do aprender. Remeto-me ao trabalho desenvolvido no Centro Cultural São Paulo, onde há mais de cinco anos realizamos sessões abertas. Desta feita, quem dirige é Viviane Salerno. É sua primeira direção, e se confessa amedrontada. Eu, que a convidei para o trabalho, digo que se tranqüilize, pois a atividade se realiza com o grupo. Inicia-se a dramatização; estão presentes 68 pessoas de diferentes níveis culturais e socioeconômicos. Entre elas algumas com evidente comprometimento psicológico. É um grupo no qual alguns vêm pela primeira vez enquanto outros já são *habitués*. Desta vez vivemos uma situação que fortalece a idéia até aqui reiterada de que o aprendizado e o ensino no psicodrama estão intrinsecamente relacionados. Os mais assíduos co-dirigem várias situações, mostram que assimilaram a metodologia e lhe reconhecem a eficácia. Em dois momentos isso é bem explícito. No primeiro deles, o protagonista deseja atingir um objetivo e não consegue; alguns dos freqüentadores assíduos sugerem que ele faça o caminho devagar e pensando alto, o que dá novas possibilidades à cena – a técnica do solilóquio é adequadamente sugerida pela platéia. Em outro, o protagonista não quer fazer a dramatização, e a platéia sugere que ele escolha os atores e dirija a cena de fora, sendo, assim, eliminado o impasse – novamente um recurso técnico é fornecido pelo público, antecedendo o movimento do profissional que está no papel de diretor.

Em nenhum momento se pretende ensinar psicodrama por meio desses atos, mas os princípios de co-responsabilidade, co-construção, valorização do grupo, sustentação sociométrica, espontaneidade/criatividade se fazem presentes. Também os recursos técnicos e suas múltiplas possibilidades aí estão incorporados. Não sei dizer se essas pessoas saberiam dar aulas teóricas e especificar a teoria e a técnica que com adequação sugeriram e utilizaram durante a atividade.

Mesmo o fazer psicodramático se aprende com a vivência, em grupo, da utilização de sua metodologia e com a aplicação em sala de aula da pedagogia psicodramática. Como outra possibilidade, Bragante (2007b) nos mostra como o grupo autodirigido, em que se pretende aprender o fazer psicodramático, ao mesmo tempo em que permite o aprendizado, trata, e tratando, ensina, numa relação dialética. Nesse exemplo, os limites entre o tratamento psicodramático e o aprendizado esmaecem. Tratando-se, os componentes do grupo aprendem, numa dimensão diferenciada, o que pretendem aplicar profissionalmente.

Notamos, então, que a educação psicodramática se dá em diferentes contextos, com múltiplas aplicações, sendo que em todas elas prevalecem determinadas vertentes.

Primeiramente, o reconhecimento de que o homem é um ser que se constrói na relação. A educação permite que essa relação aconteça e o psicodrama proporciona um método para que ela se constitua. Falamos de uma relação de co-responsabilidade, e nela educador e educando são pólos que se alternam. Retomando os autores citados, educa-se aprendendo com o educando.

Nessa relação há mais um objetivo: aprender a ser espontâneo, o que pressupõe, segundo Moreno, "um organismo apto a manter um estado flexível de um modo mais ou menos permanente [...]" (Moreno, 1992a, p. 182).

Não se trata de aumentar o conhecimento do que e do como, mas de propiciar maior orientação para a vida; não apenas indicar o caminho, mas permitir que se construa o próprio caminho. Um aprender a partir de si, uma valorização de seu *status* sociométrico, para que o indivíduo saiba o que ensina e que precisa do outro para aprender.

Educar para o psicodrama, como afirma Moreno, é um educar para que as possibilidades perceptivas, mentais e afetivas do sujeito sejam postas em ação. Dessa forma, não se aprende apenas o conteúdo, há uma apropriação do processo de aprendizagem. Mas essa aprendizagem se faz por meio de estados que devem ser aquecidos:

[...] fazemos e aprendemos coisas porque estamos em certos estados; o reconhecimento destes ou o aquecimento para novos estados nos permite modular a educação do indivíduo. O aluno passa a dar-se conta do processo e apropriar-se do mesmo em diferentes níveis. O educador compartilha não só o seu saber, mas suas dúvidas. Trata o aprendiz de suas impossibilidades e posição passiva perante o aprender. (Moreno, 1992a, p. 193)

A educação no psicodrama propõe também, por meio da criatividade, ir além do que Moreno convencionou chamar de conservas culturais, ou seja, modos de ser, saber e estar definidos por determinada sociedade. Ao nos vermos imersos num ensinar/aprender psicodrama, também nos damos conta dos contextos em que esses saberes emergem, podendo questioná-los e, portanto, recriá-los. Passamos da posição de subjugados em que o papel cristalizado de aprendiz nos coloca para a possibilidade da ação espontânea criativa.

Moreno via a educação existente até sua época como estimuladora da aprendizagem da conserva cultural, e já em seu tempo buscou valorizar a espontaneidade e a criatividade. Denominou proletários terapêuticos os que não podem atuar na vida com suas potencialidades. Para ele, a espontaneidade pode ser aprendida quando se propiciam vivências que valorizem a abertura de sentidos. Diego Bragante (2007a), em uma atividade com presos numa prisão de segurança máxima, explorou esse aspecto das conservas trabalhando com um grupo que iniciou o processo dividido por questões raciais e o terminou com seus membros reconhecendo-se como partícipes de um mesmo problema e conhecedores da mesma dor: a da perda da liberdade.

Creio ter podido oferecer um pequeno panorama do que penso sobre educação e psicodrama. Este texto, como a maioria das realizações psicodramáticas, contou com a colaboração de um grupo carinhoso: o Aníbal Mezher, a Lilia Ancona-Lopez, a Kelma Assunção Sousa e a minha filha, Marina Batista Bragante, lendo, corrigindo e dando sugestões.

Referências bibliográficas

BRAGANTE, D. A. B. "O psicodrama volta a Sing-Sing". *Revista Brasileira de Psicodrama*, São Paulo, v. 15, n. 1, 2007a.

BRAGANTE, M. A. B. *O início de um casamento: crises e soluções*. Monografia apresentada como exigência para conclusão do Curso de Formação em Psicodrama do Convênio. SOPSP / PUC-SP, São Paulo, 2007b.

CUKIER, R. *Palavras de Jacob Levy Moreno: vocabulário de citações do psicodrama, da psicoterapia de grupo, do sociodrama e da sociometria*. São Paulo: Ágora, 2002.

GHERPELLI, M. H. B. V. *Diferente, mas não desigual: a sexualidade no deficiente mental*. 2. ed. São Paulo: Gente, 1995.

GHIRALDELLI JR., P. *O que é pedagogia*. 4. ed. São Paulo: Brasiliense, 2007.

MACHADO, U. "Para educador, escola formal não serve para educar". *Folha de S.Paulo*, São Paulo, 26 nov. 2007. Caderno de Educação.

MORENO, J. L. *Fundamentos do psicodrama*. Trad. Maria Sílvia Mourão Neto. São Paulo: Summus, 1983.

_____. *Psicodrama*. Trad. Álvaro Cabral. São Paulo: Cultrix, 1992a.

_____. *Quem sobreviverá? Fundamentos da sociometria, psicoterapia de grupo e sociodrama*. Trad. Alessandra R. de Faria, Denise L. Rodrigues e Márcia A. Kafuri. Goiânia: Dimensão, v. 1, 1992b.

RIOS, T. A. "A proposta de educação moral nos Parâmetros Curriculares Nacionais: a ética como tema transversal". In: *Anais do III Encontro Nacional de Educação para o Pensar*. São Paulo: Centro Brasileiro de Filosofia para Crianças, 1999, p. 39-48.

_____. *Ética e competência*. 5. ed. São Paulo: Cortez, 1997.

3. O AGIR INTERVENTIVO E A PESQUISA-AÇÃO

MARIA EVELINE CASCARDO RAMOS

Este capítulo tem o objetivo de pontuar referências que demonstram o caráter de pesquisa do método sociodramático de intervenção em grupos, uma vez que a socionomia tem um corpo teórico consistente sobre o funcionamento dos grupos, o que nos ampara na leitura das interações grupais e na formulação de hipóteses bem definidas acerca de fatos sociais e da realidade grupal. A ação dramática, por outro lado, amplia a expressão de conteúdos intrapsíquicos que permeiam as relações, facilitando a sua observação e a coleta sistemática de dados.

Esse modelo tem sido aplicado em diferentes populações, com diferentes propostas: desde a abordagem psicossocial para clarificação de situações de difícil enfrentamento até a produção de conhecimentos sobre a realidade de determinado grupo ou comunidade. Para isso, buscamos observar e registrar fatos, tal como percebidos pelas pessoas envolvidas, e analisá-los de forma sistemática durante o desenvolvimento do grupo. Com base no fato de que o método sociodramático se caracteriza pela ação, sendo que as situações e os dados contextuais e relacionais são fornecidos pelos participantes do grupo, podemos dizer que temos uma situação de pesquisa e intervenção conjugadas, ou seja, uma "pesquisa em ação", ou ainda, uma pesquisa-ação.

O trabalho que temos realizado com algumas populações diferenciadas, como grupos de pessoas envolvidas em situação de violência doméstica – sendo elas agressores e vítimas, adolescentes em regime de semiliberdade, pais e responsáveis que maltratam suas crianças, adultos envolvidos com porte ou uso de drogas ilícitas –, tem sido denominado de socioterapêutico. Nesse trabalho, são investigados os papéis familiares e os demais papéis sociais, caracterizando-se pela busca do esclarecimento sobre a qualidade dos vínculos sociais estabelecidos pelos sujeitos e as conseqüências diretas e indiretas nos relacionamentos que desenvolvem. Como os vínculos interacionais, na maioria das vezes, envolvem afetividade, emoção e intenção, o método socioterapêutico facilita, ao sujeito, as percepções e análises próprias que terminam, não raro, por elucidar as motivações, desejos, expressões afetivo-emocionais presentes nas ações humanas em geral e naquelas especificamente relevantes. O aspecto terapêutico é intrínseco à elaboração pessoal e do grupo, já que nela estão presentes aspectos intrapsíquicos que se tornam claros e são trabalhados de acordo com os papéis e as funções sociais em questão, o que, freqüentemente, marca o início de mudanças pessoais e sociais.

O MÉTODO SOCIODRAMÁTICO E A PESQUISA-AÇÃO

Thiollent (2003) considera a pesquisa-ação "uma estratégia metodológica de pesquisa social" na qual a interação entre pesquisador e participantes é clara, tal como na abordagem sociodramática de Moreno (1975). Sobre a relação de prioridade dos problemas a serem pesquisados, o autor afirma que ela surge dessa interação, como no modelo do sociodrama, no qual o grupo, com o terapeuta pesquisador, escolhe o tema que será concretizado no trabalho com o intuito de evidenciar os elementos que o constituem, sejam reais ou próprios da percepção de cada um ou da coletividade. Os objetivos do trabalho socioterapêutico e da pesquisa-ação são semelhantes: esclarecer as situações e levar as pessoas a resolver os problemas que enfrentam. Nos sociodramas, todos são estimulados a conhecer as questões e as circunstâncias que as envolvem, orientados pelo terapeuta pesquisador. As ações são dirigidas para a reflexão, a tomada de decisões e a construção de estratégias de enfrentamento visando mudanças. Como a pesquisa-ação (Thiollent, 2003, p. 16), o sociodrama também pretende "aumentar o conhecimento dos pesquisadores e o conhecimento ou o 'nível de consciência' das pessoas e grupos considerados".

O CONTEXTO

No Distrito Federal, como na maioria das cidades brasileiras, há um grande contingente da população que vive em condições de miséria social. As estatísticas apontam um aumento crescente de situações de transgressão às leis, violência e marginalidade, que envolvem todas as classes sociais, enlutam famílias e disseminam o medo e a insegurança por toda parte.

Além disso, os próprios políticos têm dado à população o exemplo de corrupção, impunidade e desrespeito aos princípios inerentes ao cargo de comando que o povo lhes empresta por voto. Nos nossos trabalhos, temos visto como esses desmandos se fixaram em um modelo que tem embasado ações marginais, egocêntricas, impelidas à competição desleal e à ganância de poder.

Nesse contexto, as famílias têm se sentido incompetentes para a criação de seus filhos, e crianças e adolescentes têm enfrentado uma situação de abandono, omissão e marginalidade, encontrando no confronto a única estratégia possível de construção de identidade e de sobrevivência no grupo social. Os programas realizados para reverter esse quadro não têm tido muito êxito, pois apresentam lacunas sérias no que se refere ao processo educativo, que deveria se desenvolver sob a égide da cidadania, na qual o direito (ou dever?) de se manter vivo e ser respeitado é condição primeira para que a família possa ser preparada para lutar pela saúde, pelo trabalho, pelo ser social.

A POPULAÇÃO

Nosso trabalho vem sendo desenvolvido com diferentes grupos, de adolescentes e adultos, em diferentes situações: em escolas, comunidades organizadas ou de rua, no contexto da Justiça. Temos visto que os motivos, as estratégias de enfrentamento dos problemas e os resultados alcançados por essa população têm sido muito semelhantes, sendo que o método sociodramático de ação tem se mostrado eficiente no que se refere à produção de conhecimento sobre desejos e aspirações das populações em questão, contribuindo para a elaboração de estratégias para a conquista de seu espaço.

Podemos dizer que algumas populações desenvolvem uma síndrome de dependência social, que as impede de agir e de crescer em consonância com a liberdade de ser e de pertencer. Esse é o caso daqueles que se envolvem com a Justiça pela transgressão a alguma lei social. Essas pessoas definem a sociedade como responsável pela falta de acesso às oportunidades, o que as impele a ações transgressoras e/ou marginais. Como essas ações implicam outras discriminações e o sofrimento de novos preconceitos, para elas a sociedade se impõe como culpada por todas as suas atitudes diante da vida, sendo detentora de um poder contra o qual é impossível lutar. Daí surgem a incapacidade, a auto-estima baixa e a dependência social – "Nada que a gente faça vai mudar nada... Esse mundo não é pra gente" –, que precisa ser explicitada para que possa ser transformada em autonomia.

Como temos realizado um trabalho socioterapêutico com diversos grupos envolvidos em transgressões e observado que a transgressão muitas vezes tem encontrado sua causa em algum tipo de comprometimento da relação familiar, por questões de desagregação, pela dificuldade de subsistência da família, por fatores transgeracionais e outros (Ramos e Oliveira, no prelo), comprometemo-nos com a investigação desses fatos e, para tal, temos utilizado o método sociodramático para intervenção, coleta e análise dos dados.

Neste estudo nos pautamos no desenvolvimento de alguns grupos que se encontram nessa condição e que foram escolhidos pela sua representatividade em situações específicas. São eles: grupos de adolescentes em regime de semiliberdade, que passam a semana nas casas de semiliberdade mantidas pelo governo do Distrito Federal e vão para casa nos fins de semana; grupos de adultos que fizeram uma transação penal, substituindo a pena, por porte ou uso de drogas, pela participação nos grupos socioterapêuticos presentes nos fóruns da cidade; e grupos de pais e responsáveis que maltratam seus filhos.

É relevante o fato de que as atividades desses grupos realizam-se por decisão judicial, o que, a princípio, coloca os participantes em confronto com os psicólogos e exige destes flexibilidade para agir oscilando entre a neutralidade e a arte de conquista dos sujeitos para o trabalho. Nesse caso, temos um complicador que é a falta de demanda.

INTERVENÇÃO

A intervenção se desenvolve em três etapas: a busca de uma relação de confiança mútua, a escuta diferenciada para cada um – com atenção especial para seu contexto e suas possibilidades – e o empoderamento dos participantes de modo a liberarem suas aptidões e talentos para solucionar os problemas de forma socialmente aceitável, com benefícios para todas as partes envolvidas. Entretanto, antes de iniciá-la, há um trabalho de conhecimento da população em questão e dos problemas enfrentados por ela, que nos serve como base para a organização dos elementos a serem investigados prioritariamente, pois sabemos que outros surgirão no decorrer do processo.

Um aspecto importante com o qual deparamos a princípio é a questão da demanda. Muitos psicólogos defendem a posição de que ninguém deve ser atendido em psicologia sem que haja uma demanda pessoal. A imposição impediria que essas pessoas usufruíssem os benefícios dos trabalhos psicológicos, podendo lhes acarretar prejuízos. Na nossa experiência, os participantes, ao iniciarem atividades em um grupo socioterapêutico por encaminhamento da Justiça, o fazem como vítimas de um sistema que eles acham injusto, e comparecem demonstrando raiva e indignação. Eles não têm informação sobre o trabalho do qual vão participar, não sabem como se comportar, o que podem falar ali, que ganhos são possíveis para sua vida; aliás, acham que só terão prejuízos, que participar do grupo será perda de tempo, fará que faltem ao trabalho, poderá atribuir-lhes um mau conceito. Por fim, imaginam que os terapeutas são parte do Judiciário e que levarão informações de sua participação à análise dos juízes. Essa condição os leva, na maioria das vezes, a dois comportamentos distintos: de defesa ou de vitimização. Defendendo-se, exploram assuntos que não os envolvem, pedindo opiniões sobre fatos da vida, acontecimentos atuais, enfim, tentam desviar a atenção do terapeuta de sua vida e de suas posições em relação aos problemas que os trazem ao grupo. Como vítimas, apresentam-se (no caso de drogadição e dos adolescentes em semiliberdade) como pessoas que sofrem preconceitos da sociedade por algo que "já fizeram e não fazem mais" ou "nunca fizeram", marginalizando-os e impedindo-os que trabalhem ou pertençam a grupos sociais produtivos. Os que maltratam seus filhos alegam que estão educando, que também foram educados assim, que ninguém vai educar seus filhos por eles, portanto, ninguém deve se intrometer. As populações mais carentes queixam-se do governo, que não lhes dá condição de vida e lhes rouba o pão. Em qualquer um dos casos, os sujeitos se colocam como vítimas de regras sociais sem nexo, criadas só para alguns, e tentam boicotar os trabalhos, não fornecendo material para intervenção ou análise.

Quando o grupo se defende, inicia um processo de *acting out* irracional, tentando impedir contato, mas, quando se vitimiza, já deixa entrever algumas demandas, pelas queixas que tem do mundo que o maltrata e de si, que se deixa maltratar.

Com o transcorrer do trabalho grupal, então, temos visto que na verdade a demanda existe, mas é sufocada, na maioria das vezes pelo medo de conseqüências desagradáveis que brotam da "certeza" de que a sociedade lhes é adversa, e dessa sociedade fazem parte os terapeutas. À medida que uma relação de confiança se estabelece, as demandas emergem e podem ser trabalhadas.

O método sociodramático de intervenção em grupos toma a direção de um processo psicopedagógico, no qual a participação efetiva do sujeito assegura o desenvolvimento da autonomia individual pela possibilidade de analisar suas ações e reações, no próprio fazer grupal.

Seu maior e melhor instrumento é a ação, que leva as pessoas a perceber a razão, a intenção e o alcance do que fazem, além de distinguir os sentimentos presentes no seu ato. Ela é uma condição primordial para a conquista de papéis sociais e a emergência das potencialidades como ser humano. É, ainda, a base para o exercício da grupalidade, por meio de alternativas de ação e de vida, constituindo o embrião da vivência societária.

O método tem como desafio manter profundidade suficiente para permitir a superação do sofrimento social e instigar sua maturidade para que se considerem sujeitos do seu processo de desenvolvimento, e, com isso, diminuam ou mesmo eliminem comportamentos transgressivos ou violentos.

ETAPAS

Primeira etapa: a busca da relação de confiança entre participantes e terapeuta pesquisador.

O trabalho grupal inicia-se com a busca da relação de confiança entre os participantes e o terapeuta pesquisador. Esta é a etapa em que se procura conhecer cada um, sempre lembrando que é, também, o momento de transmitir e atrair a confiança dos participantes. Nessa fase o terapeuta pesquisador se faz presente, interagindo com o grupo, facilitando o surgimento de informações pessoais, relatos sobre as aspirações e os problemas, e investigando as prioridades para que sejam trabalhadas a fim de procurar soluções coletivas – no caso das comunidades e de situações próprias daquele grupo – ou individuais – nos casos que exigem decisões e ações particulares.

Segunda etapa: a escuta diferenciada oferecida a cada um, com atenção voltada a seu contexto e suas possibilidades.

A comunidade, por meio de seus membros, ou as pessoas, individualmente, são ouvidas e observadas em relação a seus conflitos. São estimuladas a expressar-se quanto à situação problemática e a explorar as possibilidades para solucioná-la. Para que atinjam esses objetivos, os participantes são chamados à ação, dirigidos e acompanhados pelo terapeuta pesquisador. A ação é desenvolvida mediante várias técnicas psicodramáticas, como dramatizações, jogos e outras, tendo como objetivo produzir conhecimento para todo o grupo, incluindo o terapeuta, sobre o maior número possível de elementos presentes na situação trabalhada.

Terceira etapa: o empoderamento dos participantes para que liberem suas aptidões e talentos para solucionar os problemas.

Esse é um momento de reflexões sobre si e seu papel dentro do grupo ou comunidade, sobre a disposição para pertencer e agir em favor de si mesmo, do outro ou da coletividade. Os participantes, nesta etapa, já se apropriaram dos conhecimentos sobre si, o outro e a comunidade, necessários à resolução dos problemas, pela aquisição, abandono ou transformação de atitudes ou fatos.

A transformação de que se fala talvez seja, em si, a proposta sociodramática. Na prática, com grupos comunitários, são utilizadas técnicas de ação que impulsionam a pessoa à relação, para que sejam colhidos dados sobre fenômenos de natureza moral, social e relacional. Assim, podem vir à tona a qualidade das interações, opiniões e posições, sentimentos e atitudes. Como o terapeuta pesquisador não se coloca como observador, ele é participante, interage com as pessoas, influencia e é influenciado pelo grupo, desempenhando papel ativo na busca da resolução de problemas, no desenvolvimento e na avaliação das ações. Esse é um procedimento muito semelhante ao da pesquisa-ação, visto que participantes e pesquisadores se envolvem de modo cooperativo e participativo (Thiollent, 2003).

O método sociodramático de intervenção é perfeitamente compatível com a pesquisa social interventiva, pois dá ao pesquisador condições de coletar seus dados durante a ação e de fazer parte dela com o propósito de instigar as pessoas a pensar, sentir e agir, e colher as informações sobre o que ocorre com elas em tempo real, não *a posteriori*.

O trabalho comunitário é singular no que se refere à construção do conhecimento de si, do outro e do mundo, que é simultânea para os participantes e o terapeuta pesquisador. Fatos e fenômenos emergem no discurso e ganham o corpo que o grupo lhes dá. O processo grupal envolve a possibilidade do desenvolvimento de vinculações com pessoas, que podem ser muito diferentes das esperadas, pois cada um é despertado para novas avaliações da realidade, é levado a aprimorar um pensamento crítico que, certamente, lhe trará originalidade nas apreciações. Em função dessas aquisições, certezas passam a ser questionadas, o próprio indivíduo e o outro ganham novas avaliações, o inusitado passa a ser comum, o caos se organiza.

COLETA E ANÁLISE DOS DADOS

Todas as informações surgidas nos grupos são registradas em vídeo ou pelos observadores, que fazem parte da equipe de pesquisadores e, portanto, são participantes. São egos-auxiliares que agregam às funções próprias do papel a de registrar tudo que acontece nos encontros, com maior detalhamento possível. Ao final de cada encontro, os registros são reunidos, avaliados e condensados em um só, o que diminui, significativamente, a possibilidade de omissão de algum detalhe importante. Além disso, é elaborado pelo terapeuta, junto com os egos-auxiliares, um quadro-síntese de cada sessão, que contém o número de participantes, data, tema trabalhado, técnicas utilizadas e um relato breve do humor do grupo, da produção do grupo e das impressões e conclusões do terapeuta pesquisador. Esse instrumento complementa os registros dos observadores e oferece uma visão da evolução do grupo com relação à sua disposição e disponibilidade para o trabalho, aos temas escolhidos, ao seu desempenho com relação à avaliação dos problemas e à capacidade para resolvê-los.

A análise acontece em dois momentos. No primeiro momento, é feita com os participantes e trata dos problemas trazidos e das possíveis estratégias para resolvê-los. Simultaneamente, procede-se à análise do que foi vivido durante o processo do grupo, abrangendo aspectos pessoais, tais como a posição diante dos outros e dos problemas, a intensidade e a direção das interações ocorridas, os sentimentos e intenções que permearam as relações grupais, procurando esclarecer todos os fatores que poderiam influenciar no surgimento dos conflitos ou na sua resolução. No segundo momento é feita a análise de conteúdo segundo Bardin (1977) ou González Rey (2005).

ALGUMAS CONSIDERAÇÕES

Temos observado, em sete anos de trabalho com esses grupos, que as pessoas seguem uma linha de pensamento e atuação no convívio familiar e nos grupos sociais dos quais participam que mostra as razões de suas atitudes diante da vida e define suas condutas. Nessa linha se destacam dois fenômenos: a transgeracionalidade e repetição de padrão de comportamento nos casos de violência doméstica e maus-tratos em crianças e adolescentes (Ramos e Oliveira, no prelo) e a falta do pai e da lei simbólica para os adolescentes infratores e envolvidos com a drogadição (Penso, Gusmão e Ramos, 2003). Com tais dados nos vimos compelidos a pesquisar criteriosamente a realidade dessas pessoas, o contexto e as variáveis que poderiam interferir, de alguma forma, nas suas atitudes e reações.

Mas, para um terapeuta, não basta conhecer seu cliente; seu papel – e seu desejo – é facilitar a saída do sofrimento e a resolução de seus problemas. No caso dessas pessoas, o conhecimento dos fatos, de si e de sua participação em sua vida precisa levá-las a equacionar suas questões e seus conflitos, para diminuir ou eliminar o sofrimento. Para conseguirmos esse resultado, buscamos uma intervenção que possibilitasse, paralelamente ao tratamento do grupo e dos participantes, a investigação de todos os aspectos envolvidos nos problemas em pauta, o que tem sido perfeitamente possível no processo sociodramático. Como esse método tem se firmado como interventivo e investigativo, trata-se do modelo da intervenção em ação, do agir interventivo, da pesquisa em ação, que permite ao participante desenvolver uma capacidade crítica que interfira positivamente na construção de um papel-modelo para si próprio, facilite sua entrada e permanência nos grupos de escolha, dirija suas ações para a estruturação de seu futuro.

Com esses ganhos, "o mundo pode ser pra gente".

Referências bibliográficas

BARDIN, L. *Análise de conteúdo*. Trad. Luiz Antero Reto e Augusto Pinheiro. Lisboa: Edições 70, 1977.

DENCKER, A. de F. M.; DA VIÁ, S. C. *Pesquisa empírica em ciências humanas (com ênfase em comunicação)*. São Paulo: Futura, 2001.

GONZÁLEZ REY, F. L. *Pesquisa qualitativa e subjetividade: os processos de construção da informação*. Trad. Marcel Aristides Ferrada Silva. São Paulo: Thomson, 2005.

MORENO, J. L. *Psicodrama*. Trad. Álvaro Cabral. São Paulo: Cultrix, 1975.

PENSO, M. A.; GUSMÃO, M.; RAMOS, M. E. C. "Oficina de idéias: uma experiência com adolescentes em conflito com a lei pelo envolvimento com drogas". In: SUDBRACK, M. F. O.; CONCEIÇÃO, M. I. G.; SEDL, E. M. F.; SILVA, M. T. (orgs.). *Adolescentes e drogas no contexto da Justiça*. Brasília: Plano, 2003.

RAMOS, M. E. C.; OLIVEIRA, K. D. "A transgeracionalidade percebida nos casos de maus-tratos". In: PENSO, M. A.; COSTA, L. F. (orgs.). *A transmissão geracional em diferentes contextos: da pesquisa à intervenção*. São Paulo: Summus, no prelo.

THIOLLENT, M. *Metodologia da pesquisa-ação*. 12. ed. São Paulo: Cortez, 2003.

4. CONHECIMENTO, INTERSUBJETIVIDADE E AS PRÁTICAS SOCIAIS

LIANA FORTUNATO COSTA
MARIA INÊS GANDOLFO CONCEIÇÃO

O conceito de intersubjetividade e sua importância atual para a orientação dos trabalhos comunitários e da construção de novas práticas sociais é o foco deste capítulo. Tomaremos como base autores de referência epistemológica no enfoque das relações, privilegiando o campo da interação como o *locus* no qual ocorrem os encontros, os desencontros, os problemas e as soluções das questões humanas.

Vasconcellos (2002), terapeuta de família e autora de trabalhos na área da epistemologia sistêmica, destaca que a ciência tradicional calcou seus pressupostos em três dimensões: simplicidade, estabilidade e objetividade. Até então, os estudos se colocaram sempre de maneira a contemplar essas dimensões, que funcionaram como parâmetros limitadores para suas configurações. Não havia lugar para o sujeito e seus processos de subjetivação. Os avanços nas discussões teóricas do campo do conhecimento além da psicologia, sociologia ou da educação trouxeram contribuições de outros saberes, como a física, a química e a astronomia, que mudaram de forma radical e definitiva os conhecimentos produzidos na área social e no campo da subjetividade.

Passamos então do pressuposto da simplicidade para a complexidade, reconhecendo que as interações se dão de forma contextualizada, isto é, localizadas e culturalmente qualificadas, num reconhecimento da recursividade presente nessas interações. Passamos do pressuposto da estabilidade para o da instabilidade, percebendo o mundo em movimento e em transformação constante, num "tornar-se" contínuo, daí a conseqüência de uma imprevisibilidade e indeterminação sempre presentes na observação dos fenômenos sociais. Passamos do pressuposto da objetividade para a intersubjetividade como a principal característica da construção da realidade, sendo que somos os observadores e construtores dessa realidade, e também os observadores/sujeitos vivendo em consenso, ou não, mas participantes inequívocos dos resultados (Vasconcellos, 2002).

Bauman (2007) indica que estamos vivendo um momento de muitos privilégios dados ao indivíduo, mas esquecemos de considerar a indivisibilidade como um atributo do "indivíduo". Na definição do átomo da físico-química, indivisibilidade representa uma "estrutura complexa e heterogênea com elementos notoriamente separáveis mantidos juntos numa unidade precária e bastante frágil" (p. 30). É assim que reconhecemos a vida social e nossa sociabilidade.

A autonomia tem sido mais valorizada como aspecto da individualidade do que a responsabilidade como condição da individualização. Também chamado de "processo de separação" (Marcelli e Braconnier, 1989), a individualização implica afastar-se e poder enxergar melhor o outro; assim há uma consciência da singularidade para voltar a atenção ao todo. Bauman (2001), entretanto, discorre sobre o espaço público como o local da interação com a estranheza e com os estranhos, e sobre sua principal característica: a dispensabilidade da interação. Ora, o espaço público é o local do possível conhecimento por excelência, desde o conhecimento do outro até o conhecimento da coletividade com seu potencial de transformação. Queremos defender isto: vivemos um momento de grande cuidado com o que é particular, mas estamos nos afastando desse espaço, que é também o espaço-tempo da interação e da criatividade.

A INTERSUBJETIVIDADE

Como parâmetro para discutir as relações humanas, a intersubjetividade tem alcançado cada vez mais um espaço de reflexão que envolve autores de diferentes áreas e campos teóricos: Boaventura de Sousa Santos, Edgard Morin, Fernando González Rey, Humberto Maturana, entre outros. Em termos históricos, Jacob Levy Moreno, criador do psicodrama, estaria à frente desse conjunto de autores citados por sua contribuição na criação de uma epistemologia que coloca o homem em interação com todas as dimensões físicas e metafísicas do universo e, assim, o vê unicamente em termos intersubjetivos.

Santos (1996) indica como a realidade se nos impõe no tempo presente. As transformações e alterações dos valores vivenciais se tornaram a característica de nossas relações. Com isso, parece que a realidade está real demais e, ao mesmo tempo, muito banal. Esse autor declara que os desafios são de natureza quíntupla: econômica, global, individual, político-geográfica e nacional.

Para nosso propósito, vamos somente aprofundar as questões da natureza individual e política, porque os grupos são constituídos de membros que têm um papel pessoal e político na organização grupal. Da natureza individual, o que chama atenção é a exacerbação do individualismo e também a revalorização do protagonismo, revelando um paradoxo que mostra um sujeito mais privado, porém mais social. Da natureza política, observamos um homem mais ansioso por democracia, porém mais acomodado, mais moldado pelo consumismo e conformismo generalizados. Das indagações construídas pelo questionamento dessas naturezas, o autor busca conhecer que papel as ciências sociais podem vir a ter na melhoria dos problemas coletivos, e nós apontamos a função dos grupos nesse processo.

A intersubjetividade está na raiz da solução, segundo o que depreendemos da observação teórica de Santos (1996). Ele aponta a existência de espaço-tempo da cidadania, que constitui a dimensão comunitária, na qual se criam as relações de vizinhança ou os contatos físicos e/ou simbólicos que dirimem as relações de poder, possibilitando as relações de igualdade.

Para Maturana (2001), as ações e a linguagem são configuradas nos domínios das emoções. Crescemos numa cultura, dentro de uma rede de conversações, participando com outros membros dessa cultura de uma lenta e contínua transformação consensual na qual submergimos. Esse autor destaca o caráter patriarcal dessa cultura ao nosso redor, que nos faz apresentar muitas condutas paradoxais e que expressam, unicamente, o pensamento patriarcal, obscurecendo nossas necessidades de troca de condutas amorosas ou, na expressão do autor, de condutas matrísticas (Maturana e Verden-Zöller, 1997, p. 140).

Biologicamente o amor é a emoção que constitui o domínio das ações nas quais o outro é aceito como ele é no presente momento, sem expectativas acerca das conseqüências da convivência ainda que seja legítimo esperar alguma conseqüência.

Maturana defende ainda: o amor é a emoção que funda o social e que, ao longo dos anos, as ciências e o conhecimento produzido se afastaram dessa dimensão, ficando mais atentos para os jogos de poder presentes nas relações. O jogo é uma ação que transcende uma intencionalidade ou uma operacionalidade de uma conduta. O ser humano empreende jogos relacionais que têm como função exprimir uma linguagem, além de ver a confirmação da existência do outro. Bebês jogam com as mães por meio de expressões e expansões corporais, e de movimentos que são construção de signos definindo as habilidades da relação.

Ousamos, portanto, ir além: para esse autor, o amor é a emoção que configura as relações grupais e a intersubjetividade é a organização que promove e sustenta o amor. Por fim, é importante apontar que para Maturana o ser humano é uma unidade com organização "autopoiética". A autopoiese é uma forma de organização do ser vivo que se auto-organiza. Isto significa que o ser humano tem as condições de se autogerir, autodefinir e auto-orientar (Maturana e Varela, 1997).

González Rey (2002) resgata a dimensão de construção do conhecimento quando afirma tratar-se de um processo de construção humana: é o homem que constrói o conhecimento. O saber tem um caráter subjetivo e humano. É importante definir o que é subjetividade para esse autor: "os processos de significação e sentido subjetivo que se constituem historicamente nos diferentes sistemas de atividade e comunicação humanas" (p. 22). Para Rey, a construção da subjetividade é, simultaneamente, constitutivo e constituinte do indivíduo nos diferentes espaços sociais dentro dos quais se desenvolve (1995). Esses processos de significação se dão essencialmente na cultura, de forma intra e interpsíquica, integrando o sujeito individual e o social.

A subjetividade é histórica. Ela só existe diante do fluxo contínuo e dinâmico dos acontecimentos, das interações e dos jogos relacionais.

A subjetividade é o processo de construir conhecimento sobre o sujeito (González Rey, 2002). Quando temos um sujeito individual e um social, em função de sua expressão subjetiva individual e de sua participação subjetiva social, podemos avançar afirmando que o campo da intersubjetividade se compõe dessas duas faces, que são uma mesma moeda. Somos um e todos ao mesmo tempo. A esse respeito, Furtado (2002) fala em "plano singular da subjetividade" e "plano coletivo da subjetividade" (p. 104), e destaca que essas duas dimensões muitas vezes se encontram em contradição porque os interesses comuns mostram-se divergentes.

Petraglia (1995) afirma que para Edgar Morin o sujeito é autor de seu processo organizador. Esta concepção aproxima Morin de Moreno, porque ambos percebem o sujeito como um "eu" sempre na relação com o "tu". A condição de auto-organização do homem também aproxima Morin de Humberto Maturana, quando este concebe o homem em desenvolvimento autopoiético, como já foi apontado. Para Morin, o sujeito nunca está só porque seu desenvolvimento se dá nos inter-relacionamentos; sua auto-organização é, na verdade, auto-eco-organização.

É fundamental recorrermos a Morin (1995) e à sua "Teoria da Complexidade". Ele indica que a ação supõe complexidade, porque a ação inclui o imprevisto, o acaso, a iniciativa e a possibilidade de mudança. O ser humano é descrito como uma máquina não-trivial, isto é, da qual não podemos prever e correlacionar diretamente todas as respostas em função de conhecermos todos os estímulos. Além disso, o ser humano é visto como um ser planetário, sendo necessário que desenvolvamos a consciência planetária: fazemos parte de uma convivência terrena (Morin, 2000).

Morin (2002), em *O método*, sua obra máxima, assinala que o homem é, antes de tudo, uma trindade: indivíduo/sociedade/espécie. Cada uma dessas dimensões contém as outras, cada uma é complementar e pode também ser antagônica às outras. Como os outros autores citados, Morin enfoca a indissolubilidade dos laços fraternos que marcam nossa presença na sociedade. Cada um desses aspectos é meio e fim do outro, conectados e inseparáveis, formando uma unidade com multiplicidade de faces.

INTERSUBJETIVIDADE EM MORENO

A partir de sua crítica ao modelo tradicional de ciência, Moreno criou uma "ciência das relações sociais" na tentativa de abarcar as diversas interconexões e manifestações dos fenômenos sociais e humanos dissociadas pelo cientificismo; com isso, trilhou a ruptura epistemológica do pensamento científico (Lima, 2007).

Para o criador do psicodrama, o homem sozinho é uma impossibilidade; sempre há o homem e o outro, ou seja, para cada papel existe o "contrapapel". A afetividade é um dos núcleos geradores dos vínculos e do desenvolvimento dos grupos (Moreno, 1972). A maior expressão da afetividade é a liberação da espontaneidade-criatividade, com a qual se atinge a homeostase biopsíquico-social. Para o autor, espontaneidade é "uma aptidão plástica de adaptação, mobilidade e flexibilidade do eu" (Moreno, 1974, p. 144). Por sua vez, o "eu" catalisa a criatividade mediante o desempenho de papéis sociais. A ação de complementaridade de papéis sociais gera o átomo social, isto é, o núcleo de todos os indivíduos com quem uma pessoa está afetivamente relacionada ou "a menor unidade funcional dentro do grupo social". Toda pessoa pode estar relacionada positiva ou negativamente a um número indefinido de pessoas, que, por sua vez, respondem a essa relação positiva ou negativamente. É essa configuração que constitui o átomo social. À medida que o indivíduo cresce, vai expandindo seu átomo e ampliando sua rede de relações sociais. O que Moreno chama de átomo social

> designa, pois, os horizontes de um espaço social, definido pela intersubjetividade e que circunscreve um campo de interação de vários sujeitos; interpenetração, oposição e síntese do atual e do virtual, do real e do imaginário, do co-consciente e do co-inconsciente. (Naffah Neto, 1997, p. 171)

O átomo social tem importante função operacional na formação da sociedade, pois se articula com outros átomos, formando novas redes sociais. A sociometria estuda a realidade social em seus aspectos: 1) o equilíbrio do átomo social; 2) a intensidade com a qual um indivíduo é aceito ou rejeitado; 3) a expansividade afetiva, que mostra o número de indivíduos com quem a pessoa se relaciona; e 4) a dinamicidade do grupo (Knobel, 2004).

A proximidade e a intensidade das relações sociais geram laços entre os indivíduos e configuram uma dinâmica relacional e grupal única e específica, resultante da troca de conteúdos conscientes e inconscientes, denominados por Moreno (1972) de co-consciente e co-inconsciente. Nestes, funcionam de modo concomitante e simultâneo os fenômenos *tele* e *transferência*. Moreno definiu *tele* como sentimentos recíprocos de atração ou de rejeição vivenciados pelos indivíduos e que estruturavam os átomos sociais.

Esse conceito foi amplamente revisto (Perazzo, 1994; Aguiar, 1990; Nery, 2003) como um fenômeno eminentemente interpsíquico, responsável pelo estabelecimento dos vínculos, funcionando como o *input* da co-criação. Aguiar (1990) desenvolveu o conceito de co-criação, que é a criação conjunta, possibilitada pelo encontro do fator espontaneidade das pessoas. Moreno também relaciona *transferência* ao desempenho dos papéis sociais, dando-lhe uma dimensão social de mutualidade, relacionada com o momento. Esse entendimento originou o termo co-transferência (Aguiar, 1990; Nery, 2003).

A intersubjetividade, ou seja, as trocas subjetivas entre as pessoas, é composta pelos estados co-consciente, co-inconsciente e seus fenômenos tele (co-criação) e co-transferência. A co-criação, portanto, advém da realidade social, resultante da realidade externa e da matriz sociométrica. Na realidade social está o inconsciente comum (co-inconsciente), gerador das dinâmicas e das padronizações vinculares. A realidade externa é a realidade formal dos papéis e átomos sociais dos indivíduos. A matriz sociométrica é a realidade informal em suas estruturas e fluências ocultas e afetivas: afinidades, identificações, escolhas para realizações de projetos dramáticos primários e secundários (Nery e Conceição, 2006).

Moreno (1974) indica que o primeiro método da ação grupal é o "interacional", cuja maior característica é o auxílio mútuo oferecido entre os membros do grupo. A ação grupal (originalmente Moreno se referiu à terapia grupal) tem como objetivo integrar o indivíduo às forças grupais que o cercam e favorecer a integração grupal, num movimento recursivo, no qual tanto o indivíduo como o grupo agem e são responsáveis pela reciprocidade da aproximação. O grupo representa dois outros conjuntos nos quais nos encontramos simultaneamente: família e microssociedade (nossa comunidade, por exemplo). Há uma regra fundamental para o pertencimento ao grupo como solução: a espontaneidade. Como o grupo cria? Por meio da cooperação, da integração dos membros. Moreno usa a expressão "catarse de integração", individual ou grupal, porque na perspectiva grupal também interessa o que se passa com o indivíduo. O processo de criação individual afeta o processo de crescimento grupal.

Ao comentar o histórico do psicodrama, narrando sua trajetória na estruturação do método como uma forma de psicoterapia de grupo, Moreno (1993) aponta outras concepções relevantes para a compreensão do aspecto democratizante do método psicodramático. Ele declara que um paciente é um agente terapêutico dos outros, e que um grupo é um agente terapêutico para outros grupos. Chama esse princípio de *princípio da interação terapêutica* (Moreno, 1993, p. 25). Ele também assevera que as interações sociais são, em si, potencialmente terapêuticas. O grupo terapêutico deve cumprir essa função de forma eficaz, e a sociometria seria o método adotado para evitar a ineficácia. Os indivíduos e os grupos podem se tornar terapeutas auxiliares dentro da comunidade. O grupo é formado em função de sua capacidade de absorver novos membros, e a diversidade é sempre bem-vinda. A coesão grupal está ligada ao desenvolvimento da tele, que, por sua vez, quanto mais desenvolvida, mais oferece condições de aproximação dos contatos e da afetividade. O papel do líder é bem definido e sua condição é de participante do grupo, ou seja, ele é um membro do grupo. A condução psicodramática da ação grupal enfatiza a "sede de atos" dos membros do grupo. As oportunidades de melhor conhecimento e compreensão verbal são dirigidas para um melhor conhecimento da compreensão corporal e do potencial espontâneo. Assim, a dramatização socializa o particular, criando a possibilidade de compartilhamento e identificações por meio da criação coletiva (Lima, 2007).

Essa descrição sucinta que fizemos de um grupo terapêutico psicodramático pode também ser aplicada ao que pensamos de um grupo de intervenção na comunidade. Nossa ênfase é na constituição grupal como o protagonista da ação grupal.

INTERSUBJETIVIDADE E AS PRÁTICAS SOCIAIS

Na atualidade, tem-se observado uma crescente demanda de capacitação em manejo de grupos, principalmente por parte de profissionais de equipes de serviços de atendimento psicossocial e de áreas da saúde que procuram a universidade visando à atualização em técnicas grupais. Como sinaliza Fonseca (1999), as diferentes modalidades de práticas psicoterápicas foram resultantes de seus respectivos contextos socioculturais e respondem às demandas que traduzem os valores vigentes em seus momentos históricos. Assim, o que o autor chama de "a era dos grupos", ocorrida por volta da década de 1960, refletia valores de solidariedade e vivência em comunidade que historicamente coincidem com o apogeu da psicologia humanista. Estaríamos vivendo neste momento uma revitalização de tais valores com o crescente interesse pelas abordagens grupais?

Diante da atual vigência da crise de paradigmas, cabe-nos perguntar: Que rumos a pós-modernidade aponta às psicoterapias? O paradigma emergente destaca e valoriza os princípios da causalidade complexa, do pensamento dialógico, da autonomia, da integração em detrimento da dicotomização, da diversidade, dos saberes local e singular, e da renovação de possibilidades de saberes.

Podemos antever que os caminhos das psicoterapias projetam-se na direção de um maior compromisso social com as populações necessitadas que, até hoje estiveram historicamente excluídas da possibilidade de acesso. Exige-se desse novo profissional, além de uma postura ética de busca de autonomia dos sujeitos, flexibilidade para as mudanças, papel ativo como agente transformador da realidade social, abertura e respeito por outros saberes e posição de não-saber que favoreça a eclosão de novos sentidos (Anderson e Goolishian, 1998). Dito de outra maneira: no momento do face a face com o outro, quanto mais nos prendermos às conservas culturais (por exemplo, teorias ou protocolos de atendimentos), mais distantes estaremos da possibilidade de um verdadeiro encontro e menor a chance de surgimento da tele e da espontaneidade. Paradoxalmente, na comunicação intersubjetiva, quanto mais atento e sintonizado o terapeuta estiver em relação às suas percepções, sensações e aos seus sentimentos, mais presente estará na situação de encontro e mais próximo de captar a intercomunicação de consciências.

De acordo com Naffah Neto, a socionomia postula "um tipo de cientista que [...] deveria reconhecer sua situação dentro da própria realidade pesquisada e funcionar como um agente ou um 'catalisador' dos movimentos latentes de transformação que dela emanavam" (1997, p. 129). A sociatria, por sua vez, continua o trabalho de explicitação, desenvolvimento e transformação das relações intersubjetivas, seja numa dimensão que enfoca as tensões e as ideologias sociais, nas suas formas de manifestação mais amplas (entre grupos, raças, classes etc., seja nas configurações específicas que elas assumem na existência concreta de cada indivíduo). (Naffah Neto, 1997, p. 135)

Em suma, uma autêntica relação dialógica propicia a produção de novos saberes, que, no interjogo da conversação de distintas subjetividades, recria o antigo. Em outras palavras, nas produções co-conscientes e co-inconscientes surgem novas possibilidades de co-construção de conhecimentos e criação de novas intervenções e práticas sociais.

Referências bibliográficas

AGUIAR, M. *O teatro terapêutico: escritos psicodramáticos*. Campinas: Papirus, 1990.
ANDERSON, H.; GOOLISHIAN, H. "O cliente é o especialista: a abordagem terapêutica do não-saber". In: MCNAMEE, S.; KENNETH, K. J. (orgs.). *A terapia como construção social*. Porto Alegre: Artes Médicas, 1998, p. 34-50.
BAUMAN, Z. *Modernidade líquida*. Trad. P. Dentzien. Rio de Janeiro: Zahar, 2001.
_____. *Vida líquida*. Trad. C. A. Medeiros. Rio de Janeiro: Zahar, 2007.
FONSECA, J. "Grupo e individualismo". In: ALMEIDA, W. C. (org.). *Grupos: a proposta do psicodrama*. São Paulo: Ágora, 1999.
FURTADO, O. "As dimensões subjetivas da realidade. Uma discussão sobre a dicotomia entre a subjetividade e a objetividade no campo social". In: FURTADO, O.; GONZÁLEZ REY, F. L. *Por uma epistemologia da subjetividade: um debate entre a teoria sócio-histórica e a teoria das representações sociais*. São Paulo: Casa do Psicólogo, 2002, p. 91-105.
GONZÁLEZ REY, F. L. "La subjetividad: su significación para la ciencia psicológica". In: FURTADO, O.; GONZÁLEZ REY, F. L. *Por uma epistemologia da subjetividade: um debate entre a teoria sócio-histórica e a teoria das representações sociais*. São Paulo: Casa do Psicólogo, 2002, p. 19-42.
GONZÁLEZ REY, F. L. "Subjetividad, sujeto y construcción del conocimiento: el aprendizaje desde otra óptica". *Linhas Críticas*, Brasília, v. 4, n. 7-8, p. 17-22, 1999.
KNOBEL, A. M. *Moreno em ato: a construção do psicodrama a partir das práticas*. São Paulo: Ágora, 2004.

LIMA, N. S. T. *Educação, identidade e psicodrama*. Disponível em: <http://www.existencialismo.org.br/jornalexistencial/rubinieducacao.htm>. Acesso em: 16 dez. 2007.

MARCELLI, D.; BRACONNIER, A. *Manual de psicopatologia do adolescente*. Trad. A. E. Filman. Porto Alegre: Artes Médicas, 1989.

MATURANA, H. R.; VARELA GARCIA, F. J. *De máquinas e seres vivos: autopiese – a organização do vivo*. 3. ed. Trad. J. A. Llorens. Porto Alegre: Artes Médicas, 1997.

MATURANA, H. R.; VERDEN-ZÖLLER, G. *Amor y juego: fundamentos olvidados de lo humano. Desde el patriarcado a la democracia*. 5. ed. Santiago: Instituto de Terapia Cognitiva, 1997.

MATURANA, H. R. *Cognição, ciência e vida cotidiana*. Trad. C. Magro e V. Paredes. Belo Horizonte: Ed. UFMG, 2001.

MORENO, J. L. *Fundamentos de la sociometria*. Buenos Aires: Paidós, 1972.

_____. *Psicodrama*. São Paulo: Cultrix, 1975.

_____. *Psicoterapia de grupo e psicodrama*. Trad. A. C. M. Cesarino Filho. São Paulo: Mestre Jou, 1974.

_____. *Quem sobreviverá? Fundamentos da sociometria, psicoterapia de grupo e sociodrama*. 3 v. Trad. Alessandra R. de Faria, Denise L. Rodrigues e Márcia A. Kafuri. Goiânia: Dimensão, 1993.

MORIN, E. *Introdução ao pensamento complexo*. Lisboa: Instituto Piaget, 1995.

_____. *Os sete saberes necessários à educação do futuro*. Trad. C. E. F. da Silva e J. Sawaya. São Paulo / Brasília: Cortez / Unesco, 2000.

_____. *O método 5: a humanidade da humanidade*. Trad. J. M. da Silva. Porto Alegre: Sulina, 2002.

NAFFAH NETO, A. *Psicodrama: descolonizando o imaginário*. São Paulo: Plexus, 1997.

NERY, M. P. *Vínculo e afetividade: Caminhos das relações humanas*. São Paulo: Ágora, 2003.

NERY, M. P.; CONCEIÇÃO, M. I. G. "Sociodrama da inclusão racial: quebrando a inércia". *Revista Brasileira de Psicodrama*, São Paulo, v. 14, n. 1, p. 105-19, 2006.

PERAZZO, S. *Ainda e sempre psicodrama*. São Paulo: Ágora, 1994.

PETRAGLIA, I. *Edgar Morin: a educação e a complexidade do ser e do saber*. Petrópolis: Vozes, 1995.

SANTOS, B. S. *Pela mão de Alice: o social e o político na pós-modernidade*. 2. ed. São Paulo: Cortez, 1996.

VASCONCELLOS, M. J. E. *Pensamento sistêmico: o novo paradigma da ciência*. Campinas: Papirus, 2002.

5. ESTRATÉGIAS DE DIREÇÃO GRUPAL E IDENTIFICAÇÃO DO AGENTE PROTAGÔNICO NOS GRUPOS SOCIOEDUCATIVOS

ANNA MARIA KNOBEL
LUÍS FALIVENE R. ALVES

Ao sermos convidados para escrever juntos este texto, optamos por uma *com-posição*, espécie de mosaico de idéias, às vezes conceitual, às vezes impressionista, por ser baseado em intuições resultantes de extensa prática clínica e didática de ambos.

Apesar de vivermos em cidades distintas, termos experiências profissionais não compartilhadas, nos une uma amizade antiga e a sensação de possuirmos a mesma filiação psicodramática, uma espécie de parentesco teórico-prático.

Assim, escrevemos cada um por si, tecemos fragmentos e os unimos com a intenção de construir uma espécie de *patchwork*, peça artesanal feita pela composição de diferentes retalhos, que depende de arte, paciência e gosto pelo ofício.

Vejamos o que conseguimos *com-por* e *re-pensar* pelo contágio mútuo.

ESTRATÉGIAS DE DIREÇÃO GRUPAL NOS GRUPOS SOCIOEDUCATIVOS

ANNA MARIA KNOBEL

O trabalho com grupos socioeducativos é regido por um *contrato* estabelecido entre o coordenador e os participantes. Na maior parte das vezes esse contrato não é explicitamente formalizado, mas se delineia de acordo com o local, as circunstâncias e as tarefas envolvidos na atividade em grupo. Ele autoriza e define os papéis segundo os quais cada um é membro daquele grupo, bem como os objetivos das práticas.

Esse papel comum, além de demarcar os contornos e os limites de acesso à identidade de cada participante, permite iluminar as diferentes dinâmicas instituídas em sua interpretação e na de seus complementares, que operam conforme a cultura e os valores do grupo. Por exemplo: aluno/professor de uma escola particular urbana, usuário/ prestador de um serviço público de saúde, funcionário/dirigente de uma corporação, participantes/organizadores de um congresso internacional. Podemos pensar que, conforme o pertencimento social, étnico ou geográfico dos membros de um grupo, delineiam-se diferentes direitos, deveres e expectativas, tanto individuais como coletivos.

Tal tipo de intervenção, centrada em papéis e temas comuns, filia-se ao método *sociodramático*, que pode ser definido como um procedimento grupal de *pesquisa-ação* que intermedeia relações intra e intergrupos, buscando encaminhar questões comuns e promover algum tipo de conhecimento ou de mudança desejados pelos participantes. Além disso, o sociodrama também cria estados de pertencimento ao permitir a expressão e aceitação compartilhada de múltiplas formas de assumir as situações existenciais.

O grupo

Constitui-se baseado na coexistência, em seus objetivos e na ação do coordenador, que, nesse modelo, apenas decifra e sustenta o material presente no espaço comum, reconhecendo-se tão envolvido pelos processos grupais quanto os demais. Guia-se por sua empatia e por seus conhecimentos.

Como um útero social, o grupo é atravessado por territórios individuais, sociais e culturais, bem como por motivações, anseios, projetos, mitos e valores. A convivência nesse espaço germinativo possibilita movimentos de diferenciação e de organização das partes em posições sociométricas, redes afetivas e diferentes *status* atribuídos a cada um nas constelações relacionais.

Como comunidade, o grupo abriga também fenômenos inter e transpessoais que ainda não foram claramente assumidos por nenhum dos participantes individualmente. Instala-se o clima grupal, um campo resultante de diferentes modos simultâneos de existir, que, por agregar elementos co-conscientes e co-inconscientes, configura-se como relativamente indefinido, necessitando da contínua atenção do diretor. Como organismo vivo, o grupo pode levar tanto ao *empoderamento* como à desvitalização de seus membros.

Estratégias[1] de direção grupal

São manobras que o diretor realiza, visando traduzir, acolher e encaminhar os acontecimentos existenciais que palpitam no espaço compartilhado, da melhor maneira possível.

Os primeiros movimentos do coordenador de um grupo objetivam estabelecer algum tipo de comunicação entre os participantes, promovendo exercícios de *aquecimento* que, por meio de *iniciadores* de natureza corporal, intelectual ou afetiva (relacionais ou mnemônicos), mobilizam o grupo, delineando seus primeiros contornos.

Ao contrário de outras abordagens de trabalho grupal, a metodologia socionômica acolhe, encaminha e atenua os climas persecutórios e angustiantes presentes inicialmente nos grupos, principalmente naqueles que se constituem *ad hoc*, sem histórico e experiência relacional compartilhados.

Isso permite que o conjunto inicial de pessoas vá construindo alguma experiência de *grupalidade*, um estado específico que se estabelece e se movimenta segundo as singularidades de seus membros e da

---

1. *Estratégia*: "arte de aplicar com eficácia os recursos de que se dispõe ou de explorar as condições favoráveis de que porventura se desfrute, visando o alcance de determinados objetivos" (Houaiss e Villar, 2001, p. 1261).

ação do coordenador, que lê os diferentes sentidos que pulsam no grupo e trabalha com eles.

Os focos de direção são escolhas do coordenador que definem os modos de expressão oferecidos aos participantes para que eles transitem pelo território grupal. A natureza da investigação pode priorizar o drama protagônico, as relações (sociometria) ou a arte do teatro espontâneo (*lato sensu*).

Por sua filiação ao pensamento complexo apresentado por Morin (2005, p. 13), o diretor de grupos com orientação socionômica entende que esse tipo de olhar, que separa e configura focos e técnicas para sua atuação, serve apenas para a compreensão didática dos diferentes *modi operandi* do método, pois, na prática, os trabalhos com a espontaneidade, com protagonistas ou com as relações operam em um mesmo *continuum*.

Nesse sentido, Wechsler (2006, p. 5) afirma que os métodos socionômicos "co-constroem acontecimentos dramáticos a partir de julgamentos múltiplos, incentivando um pensar complexo, onde a lógica prevalente é fundamentada pelos princípios dialógico, recursivo e hologramático"[2].

A organicidade do método é, pois, a sua marca: qualquer que seja o foco que o diretor priorize, todas as demais modalidades de ação estarão simultânea e complementarmente presentes, configurando a investigação.

Isso fica evidente na direção centrada no protagonista de Luís Falivene, também apresentada neste capítulo, bem como nos percursos com ênfase na sociometria que focalizo a seguir.

O trabalho com grandes grupos (Knobel, 2006) e em atos sociodramáticos vem sendo um dos meus interesses teóricos prevalentes.

---

[2] Segundo a autora, p. 4: *princípio dialógico*: os inconciliáveis dialogam numa lógica de complementariedade antagônica; *princípio recursivo*: o fenômeno complexo é simultaneamente produto e produtor de sua existência; *princípio hologramático*: a parte está no todo e o todo está na parte.

Nesse âmbito, tenho dirigido as atividades basicamente voltadas para as relações, já que a sociometria é foco de meus estudos sistemáticos há muitos anos. Assim, gosto e conhecimento definem a escolha de cada diretor, sendo que a preferência prevalece a um modelo hegemônico.

As etapas de desenvolvimento das estruturas relacionais

A direção, centrada na sociometria, procura envolver diretamente um grande número de participantes no processo investigativo que ocorre no e com o grupo. A idéia que sustenta essa prática pressupõe que a realidade social constitui-se após oposições e sínteses contínuas entre as identidades formais, seus modos de estruturação e a potência das singularidades múltiplas que a identidade assume conforme as pessoas concretas que a encarnam (tricotomia social de Moreno).

Ao reconhecer e acompanhar os estágios de desenvolvimento das estruturas relacionais em um grupo, o diretor facilita experiências de pertencimento e de inclusão, instituindo trilhas de ação e de comunicação, tanto para as afinidades como para as diferenças e oposições presentes no grupo naquele momento, o que é, por si só, transformador.

Mais do que investigar o conteúdo dos temas presentes, esse modo de ação objetiva aproximar pessoas, para que elas transitem pelo que é próprio e o que é do outro.

Inicialmente ocorre o *momento de isolamento*[3], que se caracteriza pela especial continência do coordenador aos estados de ansiedade e angústia dos participantes, pela facilitação à introspecção (voltada para sentimentos, necessidades ou expectativas) e pelo mapeamento de recortes identitários existentes no papel social que ancora a vivência grupal. Por exemplo: o papel de *aluno* de uma instituição formadora de psicodramatistas pode se configurar como de psicoterapeuta ou como

---

3. As três fases de desenvolvimento das estruturas relacionais foram descritas por Knobel em "Estratégias de direção grupal", p. 49-62.

de coordenador de grupos socioeducativos; pode se relacionar com diferentes profissões: médico, professor, assistente social, psicólogo clínico ou de recursos humanos. Pode revelar também maior ou menor experiência profissional: recém-formados ou com mais de três, cinco, dez anos de trabalho na área.

Esses mapeamentos, em geral chamados de sociométricos, definem características particulares que um papel comum pode assumir no grupo, incluindo tanto os agrupamentos majoritários como os indivíduos isolados ou desemparelhados. Como envolvem mais as circunstâncias individuais dos participantes do que os movimentos relacionais entre eles, prefiro chamá-los de recortes identitários de um mesmo papel social.

Outra forma de pesquisa pode privilegiar as competências, os medos ou os desejos de cada um. Por exemplo, descobrir como cada um veio para o encontro. Para que todos se conectem consigo mesmos, é necessário um momento de introspecção, de silêncio. A chuva de palavras daí decorrente desvela estados emocionais não muito específicos, como mal-estar, agitação, vontade de ir embora, alegria, que delimitam territórios afetivos.

O objetivo desse momento é a simples apresentação, revelação, aglutinação e dispersão das forças expressivas presentes no espaço de convivência.

Após essas aproximações e diferenciações, aparecem vários conjuntos interdependentes de posições sociométricas, que se estruturam em função das motivações individuais, dos anseios coletivos e dos valores culturais que pulsam no grupo. Trata-se do *momento de diferenciação horizontal*, que se define por relações simétricas, pela discriminação dos núcleos comuns dos papéis e pelas diferentes identidades presentes no grupo, ou seja, pelo que é igual e é diferente.

Nessa fase, o diretor pode pedir aos participantes que se agrupem por semelhanças (no exemplo anterior: os agitados, os entusiasmados, os desconfiados), criando coletivamente uma única forma de os membros daquele subgrupo mostrarem o que acontece com eles. Podem ser apresentados aos demais um personagem em ação em um pequeno enredo, uma escultura fluida, uma frase.

Configuram-se várias formas de expressão, que são compartilhadas entre todos, mantendo-se meramente justapostos, sem nenhuma hierarquia entre eles.

As motivações, o projeto e os papéis levam à constituição das redes relacionais, por onde a comunicação desliza, bem como ao aparecimento dos líderes, que propõem soluções ou assumem atitudes que representam as aspirações de parcelas do grupo, as quais passam então a apoiá-los, dando-lhes poder e representatividade. Configura-se o *momento de diferenciação vertical*, que se constitui com o advento de processos de identificação e pela legitimação das relações assimétricas.

Nesse momento, alguns enredos são escolhidos como preponderantes. Suas histórias são representantes das demais, podendo sofrer ajustes. São refeitas e reapresentadas; agora cada uma tem seu público, uma espécie de torcida organizada em função de um tema. Por fim, se for interessante, os clipes podem ser colocados em seqüências escolhidas pelo grupo. Passa-se das cenas ao filme, que mostra circunstâncias que se encadeiam. Nesse modelo não há preocupação em identificar o personagem protagônico, mesmo sabendo que sua intensidade pode vitalizar várias das cenas. É o percurso encadeado de estados de interdependência que resgata as múltiplas zonas de sentido presentes no grupo.

Para atravessar todas essas etapas são necessárias muitas negociações entre os desejos e as razões de cada um e de todos. Quanto maior for o montante de teleespontaneidade[4] presente em um grupo, mais harmônico, flexível e eficaz será seu funcionamento. De forma oposta, quanto mais relacionamentos transferenciais ocuparem o espaço comum, mais disfuncional e rígida será sua *performance*, aumentando o mal-estar e a fragilização de seus membros. Entretanto, ao percorrer e configurar seus temas e movimentos o grupo sempre se transforma.

4. Termo cunhado por Stela Fava, que articula de forma orgânica os conceitos morenianos de tele e de espontaneidade.

Esse modelo de trabalho visa uma forma específica de dar voz às forças do grupo, buscando sua auto-expressão e sua autonomia e privilegiando a manutenção de elementos diferenciados. Opera por meio de sucessivos movimentos de explicitação de identidades móveis e com processos de identificação. Acolhe o igual e o múltiplo, que não é nunca transformado em uno.

A IDENTIFICAÇÃO DO AGENTE PROTAGÔNICO NOS GRUPOS SOCIOEDUCATIVOS

Luís Falivene R. Alves

Por grupo socioeducativo entendo todo aquele contingente de pessoas que por algum critério estabeleceu conexões entre si, em variadas configurações vinculares, apresentando diferentes demandas – de conhecimento, de elaboração de conflitos, de explicitações ou de transformações em sua estrutura relacional – e possibilitando intervenções que atinjam esse objetivo, em benefício do grupo e dos indivíduos que o constituem.

Um dos grandes métodos de intervenção com que contamos é o sociopsicodrama, que se apresenta, em suas diversas possibilidades, como pesquisa qualitativa, como pedagogia de desempenho de papéis, como possibilitador de mudanças sociométricas e sociodinâmicas, como libertador da espontaneidade-criatividade.

Entendo agente protagônico como todo elemento que influencia significativamente o desenvolvimento da protagonização: 1. o diretor, que, por meio de constantes aquecimentos, promove a grupalização, introduz um tema previamente definido ou busca questões advindas do grupo ali presente, propõe e finaliza cenas, utiliza técnicas e direciona a dramatização; 2. o público, que se faz platéia, constitui uma formação co-consciente e co-inconsciente, fornece histórias, atores, autores, escolhe, aprova, desaprova e se emociona com a vivência – importante sinalizador do movimento protagônico; 3. os egos-auxiliares que, como antagonistas, acolhem ou complementam, ajudam ou provocam, instigam, proporcionando a ação dos personagens protagônicos; 4. os pré-protagonistas ou protagonistas intermediários, que são aqueles personagens que se destacam em várias cenas que antecedem a principal e são importantes para a condução do movimento protagônico em direção ao seu ápice; 5. o protagonista, o personagem principal, produto do co-consciente e co-inconsciente grupal, decifrador e transformador do drama encenado.

Para falar da identificação do agente protagônico, conforme enunciado no título, escolhi, para melhor exemplificação, o sociopsicodrama realizado como ato de abertura do XV Congresso Brasileiro de Psicodrama, em 2006. Uma reunião de congressistas constitui um possível grupo com as seguintes características: subgrupos, pessoas ainda isoladas, múltiplos papéis, política institucional, interesses diversos – fazer ou rever amigos e colegas, trocar experiências, expor, aprender, ensinar.

Estamos em novembro de 2006, cidade de São Paulo, onde se realiza o XV Congresso Brasileiro de Psicodrama: "Percurso e perspectivas do psicodrama no Brasil – Febrap 30 anos..." Fui convidado para dirigir o sociodrama de abertura, primeira das atividades científicas desse evento. Como sempre faço, preciso estabelecer um vínculo com o acontecimento proposto e contextualizá-lo. Qual a finalidade de tal evento, qual o público que se fará presente, como é o local da apresentação, o que lhe antecederá e sucederá? Com a obtenção dessas informações, algumas estratégias de direção são elaboradas. Usando a imaginação referente ao que poderia acontecer, vou com ela até certo ponto, só para que a proposta não se torne uma ameaça – natural quando as coisas são obscuras. Não penso nas cenas possíveis de acontecer ou em seu provável desenvolvimento, já que isso poderia me aprisionar ao desejo de que elas realmente acontecessem, atrapalhando minha espontaneidade.

Informações obtidas: data e horário, dia 2, das oito às dez horas, ou seja, a abertura sociodramática seria a primeira atividade do congresso. Na noite anterior já teria acontecido a solenidade de abertura oficial, com discursos, homenagens, premiações, coquetel de boas-vindas. Local: auditório-teatro da Universidade Paulista (Unip), na Vila Clementino, com capacidade para mais de quinhentas pessoas, sentadas em poltronas fixas. Tema em aberto, mas sugerido por aquele próprio do evento.

A posse desses dados permitia conjecturas: início às oito horas, muito cedo para o hábito de São Paulo, uma cidade enorme, com grandes distâncias e trânsito difícil. Muitas pessoas dirigindo-se, primeiramente, para a recepção do congresso em busca de suas pastas ou fazendo sua inscrição. Teríamos, com certeza, um fluxo de pessoas chegando ao auditório em tempos seqüenciais. Conseguiríamos começar às oito horas? Com quantas pessoas? Para iniciar o aquecimento, determinaríamos o fechamento das portas impedindo a entrada dos retardatários? Se atrasássemos o início, não poderíamos avançar no horário das outras atividades e, como conseqüência, teríamos menos tempo para o sociodrama.

Um congresso é um evento científico, social e turístico; às vezes também artístico. A população inscrita abrangeria desde sociopsicodramatistas formados nesses trinta anos até atuais alunos, além de universitários e outros curiosos por conhecer o psicodrama. Teríamos, então, indivíduos chegando à sede do congresso, vindos de vários lugares e com demandas variáveis. Essas premissas desencadearam reflexões e idéias: procurei lembrar-me de outros congressos, do crescimento da instituição, da nossa prática, da nossa teoria, da nossa maturidade – uma viagem no tempo. Estava aí a idéia: transformar aquele auditório numa "grande estação" de passageiros. Uns chegam, outros partem, alguns esperam por algo ou por alguém.

A próxima etapa foi compartilhar o convite com os colegas do corpo docente do Instituto de Psicodrama e Psicoterapia de Grupo de Campinas (IPPGC) e convidá-los a constituir uma equipe de direção. Eu seria o diretor, eles, os egos-auxiliares. Fizemos uma reunião para verificarmos a aceitação e a disposição de cada um. A colaboração foi total. Expus a preocupação referida: atraso do início, entradas intermitentes na sala. Do grupo saiu uma proposta: após uma tolerância de quinze minutos, fecharíamos a porta e iniciaríamos o sociodrama com os congressistas ali presentes. Um ego-auxiliar ficaria do lado de fora do salão e garantiria uma preparação-aquecimento aos retardatários. Estes constituiriam um grupo que esperaria um momento propício para adentrar no auditório, mas já em condições de serem incluídos no movimento corrente do grande grupo.

Nos dias que antecederam o congresso eu tinha algumas dúvidas sobre qual proposta levaria ao plenário. Falarmos da trajetória histórica da Federação Brasileira de Psicodrama (Febrap)? Transformá-lo num fórum institucional? Já estavam definidas outras atividades, incluindo a cerimônia, a ser realizada na noite anterior, que contemplaria a memória e a evolução da instituição. Logo em seguida à abertura, teríamos uma atividade-diálogo sobre esse mesmo tema, coordenada e apresentada por membros da diretoria da entidade. Melhor seria deixar que o grupo, com suas diversidades, produzisse a temática. Decidi por um aquecimento que possibilitasse metáforas.

O sociodrama

No dia contei com os colegas do IPPGC – Ester, Júlia, Bernadete, Devanir, Agenor, Albor e Fernando – para compor a equipe de egos-auxiliares. Iniciamos com uma platéia de mais de trezentas pessoas. Comecei lembrando que comemorávamos os trinta anos da Febrap, fundada em 1976. Citei alguns fatos políticos marcantes desse ano. No Brasil: morte dos ex-presidentes Juscelino e Jango, proibição a candidatos a vereador e prefeito de se apresentarem na televisão (lei Falcão), cassação de deputados estaduais e federais. No mundo: morte de Mao Tsé-tung, prisão de Isabelita Perón e instalação da ditadura militar na Argentina, eleição de Carlos Soares para primeiro-ministro de Portugal. Continuei com aspectos artísticos que fizeram sucesso nessa época. Filmes: *Um estranho no ninho*, *Rocky: um lutador*, *Dona Flor e seus dois maridos*. Novelas: *Pecado capital*, *Casarão*, *Saramandaia*, *Estúpido cupido*,

Escrava Isaura. Músicas: a grande fase de Chico Buarque, com *Gota d'água, Olhos nos olhos, O que será, que será*. Algumas pessoas cantarolaram outras canções da época. Cito: *Como nossos pais*, imortalizada por Elis, e percebe-se uma exclamação positiva da platéia. Peço que alguém cante um trecho, o que é feito por um coro. Uma das pessoas se destaca por conhecer toda a letra e pela boa voz. Alguns mostram os olhos cheios de lágrimas. Um dos egos-auxiliares vem indagar se o grupo de retardatários, já devidamente preparado, poderia adentrar no auditório. Após a autorização, segue-se um período de acomodação nas poltronas.

Temos agora uma ocupação expressiva do teatro, com quinhentas pessoas. Muitas delas já haviam se visto no coquetel, então lhes peço que de seus próprios lugares acenem para as outras. Percebo que a música e o coro já haviam iniciado a grupalização necessária. O grupo estava descontraído e alegre.

Então começo o aquecimento para a proposta desse sociodrama: relembro que a Febrap comemora seus trinta anos e instruo o auditório, agora como realidade suplementar, a se transformar numa grande estação de passageiros onde todos ali presentes estarão indo para ou chegando de uma viagem comemorativa dos trinta anos de "alguma coisa". Trinta anos de formado, ou de casado, ou de idade, ou do batizado do filho. Brincando, digo que quem ainda não tiver trinta anos pode comemorar o aniversário de namoro do papai e da mamãe. Todos serão esses personagens: viajantes em comemoração. Os egos da equipe também serão personagens: agentes de viagem que anotarão e atenderão as demandas do público. Olhos fechados... aquecimento para o personagem.

Surgem várias declarações dos viajantes, mais de vinte; cito algumas, todas expressando diferentes desejos: 1. voltar a La Paz, rever coisas vividas; 2. voltar à pré-escola ("prezinho"), numa festa de Natal; 3. ter uma passagem para a Toscana, comemorar trinta anos do desejo de lá passar um verão; 4. viajar para o espaço, mudar de vida; 5. comemorar trinta anos da vinda para estudar em São Paulo e estar na cidade, de novo, em busca de conhecimento; 6. voltar para o útero da mãe negra e viver essa negritude; 7. voltar a Minas Gerais e poder ver o show do Milton, Gonzaguinha, Chico; 8. ter, novamente, um ano sabático, e ficar só viajando; 9. voltar à cidade natal e falar algo para o antigo professor da quinta série que a destratou; 10. comemorar trinta anos de amizade com colegas da Universidade de São Paulo (USP); 11. ir para o aniversário da filha mais nova; 12. voltar aos 16 anos, quando perdeu a mãe; 13. encontrar Moreno, abraçá-lo e agradecer-lhe pelos trinta anos da Febrap.

Pelo tempo decorrido e para que não caiamos no desaquecimento, delimitamos os depoimentos. Proponho que dramatizemos três das situações narradas e que indiquemos aquelas que forem mais mobilizadoras. Primeiramente, o grande grupo indica cinco delas para serem alvo de escolha. Por aplauso são escolhidas: voltar a falar com o professor, voltar ao útero da mãe, retornar ao show do Milton. Por solicitação do grupo, que mencionou um possível empate, em vez de três são quatro as escolhidas, incluindo voltar à pré-escola.

Dramatizações

O diretor utilizou os egos-auxiliares da equipe para os papéis complementares, com liberdade para a livre criação. Os nomes de todos os personagens serão fictícios.

Primeira dramatização – situação 9. Personagens: aluna de quinta série (Carol), em seu primeiro dia de aula, e professor de inglês. Cenário: sala de aula. Proposta: reencontrar o professor e refazer o encontro. Cena: professor autoritário repreende a aluna, que não se intimida, questiona, enfrenta, surpreende e denuncia um erro de concordância gramatical em seu discurso. A platéia ri e aplaude, o que indica que a cena, embora rápida, já se fez reparatória e completada.

Segunda dramatização – situação 7. Personagens: uma jovem (Maria), seu namorado, um amigo e uma amiga. Cenário: uma fazenda onde se realiza um show com a presença de Milton Nascimento,

Chico Buarque e Gonzaguinha. Na cena, Maria está "careta" e os amigos sob efeito de drogas; a conversa gira em torno das percepções distorcidas, fazendo que não atentem ao show. O diretor pergunta como a personagem gostaria de terminar a cena e ela responde: "Podendo ouvir a *Canção da América*, do Milton". O auditório canta em coro, fazendo coreografia com os braços. Termina a cena.

Terceira dramatização – situação 6. Personagens: Pedro e sua mãe. O diretor relembra que ele queria voltar ao útero materno; ele responde não ser necessário, que o encontro seria com a mãe. Cenário indefinido. Pedro afirma para a mãe que o distanciamento não o fez perder sua raiz, sua identidade negra, e lhe canta uma melodia de exaltação à raça.

Quarta dramatização – situação 2. Personagens: aluno do pré (Antônio) e figura do presépio. Cenário: teatro da escola. Cena: é Natal, Antônio está no palco, diante de um presépio; nunca havia visto aquelas figuras, quer se aproximar e tem certo medo. O diretor pega em sua mão e o encoraja. Quer modificar aquela imagem, fazer parte dela. Chega mais perto, altera sua expressão corporal, coloca-a sentada, como um interlocutor. Diz que agora, em vez de presépio, vê ali o futuro, o congresso de 2036. Tem muita gente nova, muitos já envelheceram, ficaram barrigudos, carecas, ele inclusive. Referindo-se a si mesmo, diz que, nesse tempo decorrido, também envelheceu, engordou, escreveu um livro, passou por apresentações em que não apareceu ninguém, recebeu críticas que o fizeram crescer, teve vontade de desistir, brigou e se reconciliou com Moreno, abandonou certos conceitos, resgatou outros. Agora, ali não está mais uma estátua, mas um organismo vivo. Levantam e se abraçam...

Terminadas as dramatizações, o diretor chama ao palco todos os protagonistas, agradecendo-lhes por terem proporcionado viagens importantes. Aponta para cada um: Carol, a aluna revelando ao professor que também sabe ensinar; a jovem Maria, mostrando que em certas ocasiões da vida estamos voltados para nós mesmos, sem olhar para fora, e que, em novos momentos, isso pode ser recuperado; Pedro, reafirmando suas raízes, sua identidade; Antônio, que se incorporou ao presépio, tornando-o mais vivo. Propõe juntar esses quatro personagens em um só. Afirma: "O nosso compartilhar se fará, então, incorporando-se esse personagem, que nos acompanhará nesses dias de congresso. Fechemos os olhos e deixemos que isso aconteça. Nós o elegemos e vamos recebê-lo de volta. Esse será, a partir de agora, o nosso personagem". Sugere que seja dado um nome a ele. Depois de várias sugestões, acata-se a de "A(l)berto para o novo".

Aí está o personagem: o que tem identidade, tem raiz, o que poderá recuperar ou ver de novo o que perdeu em outros congressos, o que tem o que apresentar e ensinar a colegas e professores, o que sabe modificar, integrar-se e fazer parte de um presépio sempre dinâmico.

Com os agradecimentos, encerra-se o sociodrama.

Reflexões sobre o protagonista e tema protagônico – processamento

Tema protagônico e protagonista constituem o que podemos chamar de protagonização. O tema protagônico é o texto, o roteiro ou o assunto construído e desenvolvido durante o ato sociopsicodramático ou psicodramático, *lato sensu*, para os que assim preferem, tendo o protagonista como sua expressão maior, responsável que é por seu encaminhamento e seu desfecho. "O tema protagônico tem suas premissas no contexto social, delineia-se no contexto grupal e desenvolve-se no contexto dramático" (Falivene Alves, 1999, p. 90).

O XV Congresso tinha como título "Percurso e perspectivas do psicodrama no Brasil: Febrap 30 anos..." A idéia de tempo: passado, presente e futuro estariam, com grande probabilidade, funcionando como balizadores iniciais da temática do sociopsicodrama. O aquecimento inicial visava a grupalização e os primeiros contatos conscientes com o assunto. A canção *Como nossos pais* ganhara mais força e o auditório se configurava em cantor e coro sonorizando seus versos: "[...] vejo vir vindo no vento o cheiro da nova estação/[...] é você que

83

ama o passado e que não vê que o novo sempre vem/[...] ainda somos os mesmos e vivemos como os nossos pais". Prenunciava-se uma adesão à realidade suplementar que seria proposta: passageiros em uma estação, chegando de ou partindo em viagens comemorativas. O número de depoimentos dos viajantes, cerca de vinte, confirmava o andamento da protagonização.

O próximo passo foi pedir que o grupo indicasse as histórias candidatas à dramatização. Foram cinco indicadas e dessas escolheu-se quatro. Denomino todas as pessoas definidas de *representantes grupais*. Não são protagonistas, pois nesse momento das definições estamos no contexto grupal. Lembro que o representante grupal pode vir de uma indicação, de uma escolha ou ser um emergente.

Iniciadas as dramatizações, o movimento protagônico percorre várias cenas, vários personagens. Os viajantes, autores iniciais, se fazem personagens da cena desejada ou a ser transformada e, nesse contexto dramático, vão se fazendo protagonistas. Carol: enfrenta o medo, também sabe ensinar. Maria: já pode olhar para fora, escolher o que quer escutar. Pedro: se vê nascendo muitas outras vezes, sem perder suas raízes.

A última cena dramatizada é a culminação desse movimento protagônico, todos os seus precursores estão ali contidos. É aí que se define mais completamente o protagonista.

Antônio está feliz de estar no palco da escola, sabe que está fazendo algo importante; depara com o presépio, tem curiosidade, quer chegar perto, tem receio. Professores, artistas, pais, deuses são mitos que desencadeiam ao mesmo tempo vontade e medo de aproximação. Para conseguir seu intento, Antônio precisa modificar a imagem. Torná-la mais humana, mais parecida consigo, mais simétrica. O mesmo ocorre nas cenas anteriores. Desmitificada a imagem, Antônio se libera para o futuro, cria perspectiva superando críticas, mostrando-se, escrevendo, deixando coisas, resgatando outras, incluindo-se no templo dos mitos, nos presépios humanizados, sempre dinâmicos. Nessa última cena, ressurge o congresso e sua temática. O passado se faz presente e se projeta como futuro. Passado, presente e futuro em um só momento. O psicodrama se apresentando como percurso e como perspectiva. No movimento protagônico percorrido, o protagonista define-se como *o congressista*.

Tenho convicção de que a transformação ocorrida na última cena veio em decorrência das mudanças acontecidas nas cenas anteriores. Antônio pôde se aproximar do presépio porque Carol já havia desmitificado seu professor. Pôde olhar para seu futuro porque Maria já via e ouvia o que vinha de fora. Pôde se ver encarando dúvidas e obstáculos porque Pedro confirmara sua origem, sua matriz. Todos esses foram protagonistas de suas cenas e pré-protagonistas da cena final. É na cena de Antônio que se completa o protagonista desse sociodrama. O protagonista não é nem Carol, nem Maria, nem Pedro, nem Antônio, e sim o personagem construído por todos, bem evidente na derradeira cena. Ele veio do co-consciente e do co-inconsciente do grupo. O nosso protagonista é o que modifica, que ensina, que aprende, que combate, que se recria. É por meio dele que ressurge o personagem congressista. O congressista ali presente, sendo, assim, compartilhado. Por causa dele, não haverá o recém-chegado ou o mais antigo dos psicodramatistas; todos ali terão percorrido um mesmo caminho, reconhecido sua identidade, recebido um nome para continuar: aberto para o novo.

Lembro meu conceito de protagonista (Falivene Alves, 1999, p. 94-5): "o elemento do contexto dramático, que surge através de uma personagem no desempenho de um papel, questionador de sua ação e emoção, e representante emocional das relações estabelecidas entre os membros do grupo [...]"; e ainda: "o principal lutador é aquele que vai confrontar o antigo e o novo, o passado e o presente, o sagrado e o profano, o mito e a cidade [...]".

Nosso protagonista do sociodrama foi o congressista de hoje, psicodramatista que traz uma história de mais de trinta anos e que seguirá sua trajetória por mais vários anos. As cenas dramatizadas, metáforas desse caminho, nos remeteram a fatos, fases e períodos significativos da biografia institucional. Vimo-nos no histórico confronto com os primeiros mestres estrangeiros, desencadeador da fundação de várias federações; lembramos o início do movimento psicodramático brasileiro, final dos anos 1960, começo dos anos 1970, época de contestações ideológicas, de alteração de costumes, de busca de alternativas, mas também de muita repressão militar, com o psicodrama eufórico em seu crescimento, mas voltado para si mesmo, tendo sua ação restrita aos consultórios. Passamos de um auto-enamoramento a uma autocrítica; muitos buscaram outras fontes de conhecimento, outras fundamentações. Crescemos, ampliamos nossa teoria, revalorizamo-nos, afirmamo-nos socionomistas, morenianos, registramos e defendemos nossa origem, nossa raiz. Desvelamos e dessacralizamos os mitos, tornamo-nos parceiros, aliados, originando espaços para a igualdade e para a diferença, para ensinar e aprender, para a criação de novas possibilidades; expandimos nossa atuação. Seremos futuro.

Toda essa história estava no co-consciente e co-inconsciente grupal e, por meio das dramatizações de Carol e seu professor, Maria e seus amigos e cantores, Pedro e sua mãe, Antônio e o presépio, pudemos vivenciá-la, atualizá-la, protagonizá-la.

Enfatizo que o grupo deve ser considerado não como protagonista e sim como cliente ou sujeito, alvo do trabalho proposto, fornecendo subsídios para a protagonização. Seja no psicodrama, seja no sociopsicodrama, o protagonista é um elemento que surge no contexto dramático e é sempre vivido por meio de personagens. A única possibilidade de encararmos o grupo como protagonista corresponde a situações em que a dramatização focalize uma instituição, associação, família ou determinado grupo em confronto com algum antagonista. Mesmo nessas situações, será o grupo, agora como personagem, quem estará no palco psicodramático, tendo a possibilidade de se distinguir como lutador principal e conduzir o movimento protagônico.

Nos sociopsicodramas podemos escolher entre vários modelos de direção. É bastante comum, e mais freqüentemente no caso de médios e grandes grupos, que, após o devido aquecimento, se divida o público em subgrupos para narrar histórias, criar cenas ou imagens, promovendo-se depois a escolha de uma delas para a dramatização, na qual será definido o protagonista. Outra possibilidade foi a relatada no exemplo descrito, em que se trabalhou com quatro cenas mais curtas. Nesse caso, devemos ficar atentos ao desenvolvimento do tema protagônico que percorrerá as várias cenas e os vários protagonistas intermediários. Tudo acontece como numa prova de revezamento, em que cada atleta da equipe corre um trecho e passa o bastão para o próximo companheiro, até que se complete o trajeto. É possível que uma das cenas iniciais já traga uma forte carga protagônica, com a afirmação do protagonista e a catarse integradora. Nessa hipótese, as outras cenas, previamente escolhidas, deixam de ser necessárias. Se, para não alterar o combinado e frustrar o grupo, optarmos pela continuação das encenações, estas terão um caráter meramente demonstrativo ou servirão ao compartilhar.

Seja qual for a modalidade escolhida para a realização do sociodrama, nosso foco deverá ser sempre a protagonização. Trabalhando com cena única ou com várias cenas, com jogos dramáticos ou com os vários formatos de teatro espontâneo, a direção do sociopsicodrama deverá possibilitar a ocorrência do movimento protagônico, percorrendo os vários pré-protagonistas que se apresentarem e desenvolvendo o tema de forma a estabelecer sentido e favorecer a definição do protagonista: questionador, transformador, integrador, criador.

Refazendo o caminho do movimento protagônico no sociopsicodrama relatado, vemos que sua premissa, ainda no contexto social, estava enunciada pelo tema do congresso (trinta anos da instituição, percurso e perspectiva do psicodrama). O diretor o encaminha para o contexto grupal mediante o devido aquecimento, fazendo que o auditório possa situar-se no ano de 1976, início da instituição. Das músicas da época citadas, o grupo adota *Como nossos pais*, que em sua letra revela o conflito entre o novo que se apresenta e a repetição dos modelos anteriores. Aí começa a se delinear o tema protagônico. Propõe-se o "como se" de uma estação de passageiros, com possibilidade de vários caminhos. O grupo nomeia seus representantes para, no palco psicodramático, resolverem o impasse: o novo ou o antigo. Pelas narrativas eleitas, desejam voltar – retornos que se mostraram necessários para a liberação. Um a um, os personagens puderam confrontar-se, rever-se, afirmar-se. O tema protagônico se define cada vez mais no contexto dramático e encaminha-se para o seu ápice. Os pré-protagonistas, agora, dão lugar ao protagonista, transformador, que faz do passado a sua origem, não mais a sua prisão. Agora pode ir, pode sentir o vento de uma nova estação, encaminhar-se para o futuro. Nesse momento, pode-se cantar: "já não somos os mesmos nem vivemos como os nossos pais".

DIÁLOGO ENTRE OS AUTORES

Anna comenta e pergunta para Falivene: Percebi que você não trabalha apenas com os papéis ligados ao tema ou contexto do sociodrama, pois acolheu tanto a necessidade de Maria, revisitar o show dos artistas, na década de 1970, como a de Pedro, voltar ao útero de sua mãe (um momento regredido e intensamente mobilizador).

Fiquei encantada ao ver que não houve nenhum transbordamento de aspectos íntimos ligados a essas circunstâncias, o que não é simples nem fácil.

Gostaria que você falasse um pouco mais a respeito dos pressupostos que fundamentam seu olhar de diretor, que lhe permitem trabalhar com tal liberdade e sensibilidade em momentos como esses, preservando a cena dentro dos limites adequados de exposição pessoal.

Concordo com você quando afirma que no sociodrama o grupo não é o protagonista, mas o cliente, o sujeito ou alvo do trabalho proposto.

O próprio Moreno já afirmava que "o verdadeiro sujeito de um sociodrama é o grupo" (em *Psicodrama, 23* Cukier, 2002, p. 272) ou também que:

deveria ser feita uma diferença entre o tipo individual de psicoterapia de grupo e o tipo coletivo de psicoterapia de grupo [...] o tipo individual é centrado no indivíduo. Focaliza sua atenção em cada indivíduo na situação, nos indivíduos que compõem o grupo. [...] O tipo coletivo de terapia de grupo está centrado neste. Focaliza a sua situação nos denominadores coletivos e não está interessado nas diferenças individuais ou problemas pessoais que eles apresentam.

Com isso, o sociodramatista foca sua atenção nos conteúdos específicos circunscritos pelas relações, situação, época e cultura do grupo. Assim, gostaria de ampliar a discussão fazendo uma provocação. Conforme afirmei em outro texto, penso que no sociodrama é irrelevante definir que indivíduo concreto dá vida real a cada papel, pois os personagens aglutinam aspectos de todos. O que importa é evidenciar as variações desse substrato comum, pois elas apontam para a maleabilidade que essas identidades podem ter naquele contexto social (Knobel, 2006). O que você acha disso?

Falivene responde: Sempre trabalho com a idéia de que no contexto dramático as figuras que estarão em cena serão personagens, com certo distanciamento das pessoas e situações do mundo concreto, permitindo que o vivenciado se faça no "como se". Esses personagens se farão emissários do co-consciente e co-inconsciente grupal, aspecto essencial para todo trabalho sociopsicodramático. Nosso olhar não prioriza o indivíduo vindo do contexto social, mas aquele construído pela interação que acontece no palco, na platéia e entre palco e platéia. Como diretor, posiciono-me à semelhança do timoneiro de um barco, buscando os ventos favoráveis que direcionam o movimento protagônico. Como se fosse a parada da embarcação, para se abastecer ou para melhor se orientar sobre o caminho a seguir, podemos nos deter numa cena, por um tempo maior ou menor, dependendo do que ela nos propicia. Continuando a metáfora, não devemos ceder a um convite para visitar a casa de um dos viajantes; isso nos desviaria do nosso propósito. Assim sendo, ao dramatizarmos as cenas de Maria ou de

Pedro, sem desprezarmos o fato de que nelas existem fortes conteúdos pessoais, a pergunta que deve ser dirigida aos personagens será o "para que" da situação encenada. Se a indagação for direcionada ao porquê, isso, provavelmente, enfatizará os aspectos individuais do personagem, alterando o percurso projetado.

Falivene pergunta para Anna: O modelo de direção baseado na sociometria propicia uma organização inicial em subgrupos que possibilita o desenvolvimento das várias redes psicológicas ali presentes. A apresentação das imagens ou cenas produzidas por esses vários segmentos funcionaria como um espelho, revelando o grupo para si mesmo. Esse reconhecimento seria a base para a transformação?

Anna responde: Sim, Luís, os subgrupos produzem cenas, imagens, esculturas fluidas, músicas etc., que expressam suas diferentes formas de traduzir a experiência coletiva. Tal expressão, em um primeiro momento, organiza e mostra, como metáfora, o que esse pequeno conjunto de pessoas pode viver umas com as outras.

Assim, inicialmente o que interessa é o trabalho de criação coletiva, com momentos de contato com as múltiplas identidades e outros de identificação, além de todas as negociações e tensões inerentes ao processo. Isso já é um ganho da experiência grupal.

Com as apresentações sucessivas, há um mapeamento das diferentes possibilidades da experiência coletiva, que pode funcionar como espelho.

Penso que o que causa a transformação é a associação de dois processos simultâneos: a experiência de um tipo de convivência produtiva associada ao desvelamento do grupo para si mesmo.

Luís comenta: Como está bem demonstrado nos dois textos, o importante é que propiciemos a oportunidade para que um conjunto de pessoas, as quais muitas vezes ainda nem se conheçem, possa constituir um grupo, unido por um projeto comum. A direção encaminha os indivíduos para o estabelecimento de vias de comunicação e interação, construindo um campo sociométrico; este será a base para que as correntes emocionais, afetivas, psicológicas e sociais possam ser evidenciadas. O estabelecimento do projeto socioeducativo, o aquecimento visando a grupalização e a proposta sociodramática, a habilidade da direção e a construção coletiva conduzem ao conhecimento, ao reconhecimento, à transformação criativa. Acho que o seu texto, Anna, realçou, com muita propriedade, todos esses aspectos que norteiam as estratégias de direção. Concordo que no desenvolvimento de um sociodrama sempre estarão presentes os elementos que configuram a sociometria, a protagonização e o teatro espontâneo, sendo que a ênfase em qualquer um desses aspectos dependerá da estratégia adotada.

Finalizando, acho que conseguimos realizar a composição conjunta que nos propusemos, compartilhando nosso pensar, nossa prática, nossa experiência.

Referências bibliográficas

CUKIER, R. *Palavras de Jacob Levy Moreno: vocabulário de citações do psicodrama, da psicoterapia de grupo, do sociodrama e da sociometria*. São Paulo: Ágora, 2002.
FALIVENE ALVES, L. "O protagonista e o tema protagônico". In: ALMEIDA, W. C. de (org.). *Grupos: a proposta do psicodrama*. São Paulo: Ágora, 1999, p. 89-100.
FAVA, S. R. de S. "Os conceitos de espontaneidade e tele na educação". In: PUTTINI, E. F.; LIMA, L. M. S. (orgs.). *Ações educativas: vivências com psicodrama na prática pedagógica*. São Paulo: Ágora, 1997, p. 25-32.
HOUAISS, A.; VILLAR, M. de S. *Dicionário Houaiss da língua portuguesa*. Rio de Janeiro: Objetiva, 2001.
KNOBEL, A. M. "Estratégias de direção grupal". *Revista Brasileira de Psicodrama*, São Paulo, v. 4, fasc. I, n. 1, p. 49-62, 1996.
_____. "Grandes grupos: história, teoria e práticas psicodramáticas". In: FLEURY, H. J.; MARRA, M. M. (orgs.). *Práticas grupais contemporâneas: a brasilidade do psicodrama e de outras abordagens*. São Paulo: Ágora, 2006, p. 213-33.
MORIN, E. *Introdução ao pensamento complexo*. Trad. Eliane Lisboa. Porto Alegre: Sulina, 2005.
WECHSLER, M. P. da F. "Pesquisa e psicodrama". Texto apresentado no XV Congresso Brasileiro de Psicodrama. São Paulo: Febrap, 2006.

6. O PROCESSO DE APRENDIZAGEM E A METODOLOGIA PSICODRAMÁTICA

STELA REGINA DE SOUZA FAVA

Convidada para escrever sobre a metodologia psicodramática e sua importância na formação do psicodramatista, optei por fundamentar-me em um precioso texto (de 1959) que trata do método do psicodrama, intitulado "Regras, técnicas e métodos auxiliares psicodramáticos" (Moreno, 2006, p. 372). Nele encontramos quinze "regras" que descrevem o que Moreno julgou "vital para servir de orientação aos que praticam o psicodrama".

Neste capítulo, comentarei algumas dessas "regras" com base em minha experiência como psicodramatista didata supervisora. Alguns dos apontamentos serão feitos segundo a regra citada, embora possam, às vezes, ser completados por comentários livres e condizentes com minha experiência na área.

REGRA I

"O sujeito (paciente, cliente, protagonista) encena seus conflitos, em vez de falar deles."
(Moreno, 2006, p. 372)

A ação dramática é vista como eixo-força do método. O paciente experimenta no palco psicodramático o que a vida vai exigir dele: capacidade para agir. Na sessão de psicodrama, o *falar* acontece no terceiro momento (compartilhar), após o *agir*, ou seja, após a ação que se desenvolve no momento anterior, o da dramatização. Compartilhamos verbalmente o que dramatizamos: a fala é, ao mesmo tempo, estimulada e limitada pela cena, sendo contextualizada pelo fato vivido no palco. Portanto, discutir se é possível fazer psicodrama sem a dramatização torna-se inútil.

No processo psicoterápico, o protagonista (indivíduo ou grupo) dramatiza cenas de sua vida para pesquisar suas chances de transformá-las, e, conseqüentemente, experimentar as mudanças desejáveis e possíveis. Da mesma forma, isso ocorre no processo de aprendizagem do psicodrama, ou mesmo na abordagem socioeducacional, porém aqui as dramatizações trazem para o palco o próprio saber. Os protagonistas experimentam diferentes maneiras de vivenciar seus conceitos e suas formas de interagir, possibilitando, como no processo psicoterápico, a transformação do agir na vida cotidiana.

O palco ganha importância como lugar de pesquisa, de possibilidades e de descoberta.

A cena, célula da dramatização, delimita um fato ocorrido, em dado momento. O cenário delimita o lugar onde ocorreu o fato. Assim, situa-se o protagonista no tempo que será explorado, que pode ser passado ou futuro, posto que, na dramatização, tudo é aqui e agora. Este é o homem concebido por Moreno: um homem que não pode existir sem a dimensão do tempo e do espaço em que ele se encontra.

REGRA II

> "O sujeito ou paciente atua no 'aqui e agora', independentemente da condição, se o incidente ocorreu ou poderia ocorrer no presente ou no futuro, ou se o incidente foi fantasiado, ou ainda se a situação crucial que deu origem à dramatização ocorreu de fato."
>
> (Moreno, 2006, p. 373)

Para Moreno, não importa se o fato é futuro ou passado: o protagonista pode beneficiar-se de sua dramatização no momento presente. Ele mesmo explica esse conceito com a frase: "como se isto estivesse ocorrendo agora para você, de tal modo que você possa sentir, perceber e atuar como se acontecesse com você pela primeira vez" (Moreno, 2006, p. 374). Isso significa que a transformação ocorre na dimensão do sujeito e não do fato.

Destacamos ainda outra idéia fundamental – a integração do sentir, pensar e agir no momento da dramatização. O protagonista (re)vive a cena em que são explicitadas as possíveis dissonâncias entre as três dimensões citadas, as quais muitas vezes são responsáveis pelos conflitos intrapsíquicos e interpessoais.

No processo de formação do psicodramatista é fundamental que ele vá ao palco, que seja protagonista, para que ele e o grupo possam avaliar o sentido do que pensam e fazem.

REGRA III

"O sujeito deve encenar 'sua verdade' como a sente e a percebe, de maneira inteiramente subjetiva (sem se importar com o quão distorcida ela possa parecer ao espectador)."

(Moreno, 2006, p. 374)

É fundamental, portanto, que o grau de liberdade do protagonista (indivíduo ou grupo) seja amplo, para que se possa trabalhar respeitando a subjetividade que será realimentada e transformada por meio das interações que se estabelecem em uma sessão psicodramática, especialmente nos momentos de dramatização e compartilhamento.

No processo de formação do psicodramatista é preciso considerar os conhecimentos sobre metodologias e teorias já existentes, facilitando sua expressão (sendo colocados para fora de si, durante a cena), para que um novo conhecimento possa ser coletivamente construído. A dimensão subjetiva é realimentada pela interação com a dimensão objetiva. Os processos de construção da saúde e do conhecimento se dão pela interação do "dentro" com o "fora", do subjetivo com o objetivo, do "eu" com o "outro". Desse modo, para que se construa o papel de psicodramatista é necessário haver liberdade para perceber (descobrir) o novo conhecimento e senti-lo (deixar que faça sentido para si), e só posteriormente agir como psicodramatista.

Esse caminho do *perceber-sentir-agir* pode ser simultâneo, especialmente em situação de alto grau de "telespontaneidade" – termo escrito assim mesmo, já que acredito na unidade dos conceitos de espontaneidade e tele; acredito inclusive que eles não ocorram separadamente (lembrando Anna Knobel, que em um de seus artigos menciona o casamento entre tele e transferência, defendo que, na verdade, esse casamento ocorre entre tele e espontaneidade). Além de simultâneo, ele pode ser sucessivo, em etapas mais separadas no tempo.

De qualquer forma, para a construção da identidade de psicodramatista é necessário respeitar a aprendizagem anterior tanto quanto libertar-se dela. A abertura a novos paradigmas é necessária para conhecer e reconhecer o que já foi pesquisado por Moreno, com o cuidado de não fazer interpretações inadequadas ou distorções filosóficas, teóricas e metodológicas.

Um exemplo comum de distorção metodológica é usar o momento do aquecimento para "quebrar o gelo" das relações no grupo. Esse é um equívoco que freqüentemente resulta em um grupo esfuziante e desfocado, já que "quebrar o gelo" pressupõe mudar o clima do grupo para então poder dar início ao trabalho. Ao contrário, o aquecimento na sessão psicodramática tem as funções de *centrar* o grupo e prepará-lo para o surgimento da cena que será trazida ao palco e para o acolhimento do protagonista, ainda que o "gelo" das relações seja o tema protagônico. O aquecimento psicodramático acolhe o grupo e seu drama em *status nascendi*.

REGRA V

"O processo de aquecimento caminha da periferia para o centro."

(Moreno, 2006, p. 375)

Essa idéia aplica-se tanto à concepção de momento de uma sessão como à concepção de processo, em que várias sessões compõem um processo de formação ou de psicoterapia. No espaço-tempo de uma sessão, a aproximação do ponto central do conflito se faz aos poucos, por meio de aquecimento em direção à cena a ser transformada ou ao conhecimento a ser construído; o aprofundamento ocorre no momento da dramatização, que amplia o desvelamento do dissonante, do conflitante e das possibilidades de lidar com o drama; o compartilhar finaliza com o acolhimento de tudo que foi possível pesquisar, compreender, avançar e do que fica para o próximo passo do caminho.

O que acontece em uma sessão multiplica-se no processo que envolve várias sessões, de tal forma que uma sessão pode se constituir em aquecimento para outra, possibilitando que os processos terapêuticos e de aprendizagem se desenvolvam pela interação de esforço (ato) e tempo. No psicodrama nada é cirúrgico, ainda que tudo seja mais rápido pela tridimensionalidade das cenas.

REGRA VI

"Sempre que possível, o protagonista escolherá o tempo, o lugar, a cena e o ego auxiliar requeridos na produção do psicodrama."

(Moreno, 2006, p. 375)

É a confirmação do "homem livre e relacionado" e, como diz a regra, sempre que possível participando ativamente de seu próprio processo, o que o torna mais envolvido e comprometido com o que constrói junto com o outro, tratando-se de psicoterapia e/ou educação. O professor de psicodrama é aquele que organiza o espaço de pesquisa-aprendizagem e garante a participação de todos.

REGRA X

"Mesmo se fazendo interpretação, o que é fundamental é a ação. Não pode haver interpretação sem ação prévia."

(Moreno, 2006, p. 375)

É, portanto, a produção dramática (a cena) que traz a dimensão da subjetividade, tornando-a objetiva para todo o grupo e para o próprio protagonista. Na construção do conhecimento ou do papel de psicodramatista, a produção cênica é fundamental para que o compartilhar ocorra diante de uma "realidade" co-construída no palco e que dê visibilidade ao drama.

Se o verbal, a teorização e a aula não tiverem como referência fatos e atos vividos no palco, o compartilhar tende a assumir um caráter próprio de recomendações, conjecturas e até mesmo julgamentos. Como "ensinar" espontaneidade se não partirmos das cenas de espontaneidade de nosso cotidiano, se não partirmos da espontaneidade vivida? Freqüentemente se discute sobre como deve ser a aula dada ao psicodramatista, teórica ou prática. Eu diria que o foco da discussão não deve ser esse, e sim a necessidade de assumir o caminho de aprendizagem proposto pelo psicodrama, que define a cena trazida ao palco como ponto de partida, seguida pela reflexão e fundamentações filosófica, teórica e técnica.

REGRA XI

> "O aquecimento para o psicodrama deve se adequar a cada cultura, devendo-se fazer mudanças apropriadas na aplicação do método."
> (Moreno, 2006, p. 375)

Talvez um dos pontos mais importantes seja este: a dimensão cultural de um povo. Mas, além dessa dimensão mais geral, é necessário lidar com as especificidades culturais do grupo. Se o aquecimento permitir a percepção dos valores, linguagem, crenças e história do grupo, o acolhimento do drama e do protagonista poderá acontecer de forma a dar profundidade ao trabalho, possibilitando as transformações pretendidas e necessárias à vida do grupo.

REGRA XIV

> "O protagonista deve aprender a fazer o papel de todos aqueles com quem se relaciona significativamente, a experimentar a condição das pessoas de seu átomo social, sua relação com elas e com outrem."
> (Moreno, 2006, p. 375)

A riqueza e a potência da técnica da inversao! Ela possibilita aos atores que as distorções de percepção interpessoal apareçam, podendo ser exploradas e corrigidas durante a ação, à medida que são orientados a mudar de lugar, um assumindo o papel do outro.

REGRA XV

"O diretor deve confiar no método do psicodrama como árbitro final e guia do processo terapêutico."
(Moreno, 2006, p. 380)

Assim como na psicoterapia, no processo educacional psicodramático, o psicodramatista didata supervisor deve ter o método psicodramático como guia seguro e competente do processo de formação. A aula cede lugar à sessão, a exposição oral cede lugar à dramatização; assim, todos os envolvidos se responsabilizam pela aprendizagem e pelo processo de constituição do grupo, em um movimento de coconstrução, e não de *reprodução* e *acumulação* de conhecimentos.

Para finalizar, é importante retomar a visão moreniana de que o homem é livre e relacionado. Para "pesquisar" esse homem e promover o seu desenvolvimento, Moreno teceu sua teoria com muitos fios, entre os quais dois foram fundamentais: espontaneidade – expressão e veículo da liberdade humana; e tele – condição (e qualidade) para a relação humana. Essa é a base da metodologia psicodramática, destacando-se a importância de garantir o espaço-palco e o tempo aqui e agora para que a ação dramática tenha sentido para todos que a vivem.

Referência bibliográfica

MORENO, J. L. "Regras, técnicas e métodos auxiliares psicodramáticos". In: *Psicodrama: terapia de ação e princípios da prática*. São Paulo: Daimon – Centro de Estudos do Relacionamento, 2006, p. 372-80.

7. INTERVENÇÕES SOCIOPSICODRAMÁTICAS: ATUALIZAÇÃO E SISTEMATIZAÇÃO DE RECURSOS, MÉTODOS E TÉCNICAS[1]

ROSANE RODRIGUES

Ao longo dos anos de convívio, quase poético, com o psicodrama, tenho fortalecido posições, por um lado, e me aberto a olhares, que antes rejeitava, por outro. Amadurecer é isso! Escolhe-se melhor baseado na experiência concreta e não só na teoria. E também, a teoria vai se desenvolvendo e se articulando com a prática, conforme sistematizamos com mais eficácia o que fazemos e por que fazemos.

Por exemplo: gosto cada vez mais da folclórica fala de Moreno segundo a qual o psicodrama abriu as portas da psiquiatria à alegria. O que não significa superficializar uma intervenção. Superficializar (ou não subjetivar) seria o que fazem, por ansiedade, os diretores iniciantes, dando conselhos diretos ou indiretos para concluir o trabalho com alguma solução. Assim, abortam o processo natural de nascimento do *insight* dramático grupal pela própria ação. Ou ainda, são feitas intervenções que não propiciam que o público de fato construa sua própria história em grupo, com soluções bonitas e acabadas trazidas pelo diretor para dizer o que já se sabia antes. O diretor não se arrisca e, portanto, não co-constrói o fenômeno psicodramático. Um diretor de psicodrama não pode esquecer que ele próprio faz parte do grupo, tendo uma função específica, e, portanto, também se transforma, pois ouve a voz do grupo e dialoga com ele.

1. Este artigo foi publicado originalmente na *Revista Brasileira de Psicodrama*, v. 16, n. 1, 2008. Ele foi impresso neste livro com autorização do editor da publicação e foi submetido a algumas modificações.

101

Eu era uma recém-formada em psicodrama quando a "turma do pedagógico"[2] batalhava por um lugar ao sol, junto aos psicoterapeutas poderosos, cheios de explicações, principalmente médicas. Eu tinha estudado o psicodrama psicoterapêutico; depois passei ao que, na época, era chamado de psicodrama pedagógico. Fiz isso entre 1982 e 1989, mas ainda levaria muitos anos para entender a importância do que estava ocorrendo no panorama do psicodrama brasileiro, enquanto dava andamento à minha formação de atriz. Concomitante ou um pouco posterior, havia também a presença do pessoal que defendia as raízes do teatro e do estético no psicodrama e pregava a ida às ruas e praças, como Moreno fez (antes de desviar-se para a psicoterapia, como alternativa de salvação de seu método). Fiz parte dessa turma, e abrimos nosso espaço extra-oficial antes de constarmos da grade científica dos congressos brasileiros. Aliás, com muito orgulho, fiz parte das duas turmas militantes de dissidentes, assim como vários colegas com idéias parecidas. As idéias que nos uniam *grosso modo* giravam em torno da percepção de que a psicoterapia seria um tipo de aprendizagem, como disse o próprio Moreno (1993, p. 107), e que o psicodrama seria também arte, além de ser ciência.

Era a abertura a novas modalidades e ao que veio a ser chamado de psicodrama com foco socioeducacional. E junto veio também a ampliação das intervenções, incluindo atos e processos. Todos tiveram muito medo, e ainda têm, de que esse método fosse complacente demais ou não garantisse suficiente subjetivação de cada indivíduo. Mas quanto seria suficiente? O que seria a subjetivação numa intervenção psicossociodramática? Como verificar se houve subjetivação?

Aqui me restrinjo apenas a reproduzir duas opiniões ouvidas e anotadas[3].

Cida Davoli: "Qualquer experiência surpreendente afeta, especialmente se ela for estética. Causa subjetividade e transforma".

---

2. Grupo de psicodramatistas entre os quais se encontravam tanto pedagogos quanto psicoterapeutas, diretores de teatro, filósofos e outros.
3. Frases ditas em um debate sobre intervenções em praças no Departamento de Psicodrama do Instituto Sedes Sapientiae (DPSedes), em 2007.

Anna Maria Knobel: "Sociodrama não é trazer para uma linguagem comum aos membros, mas evidenciar as diferenças. Formar novas redes sociais e formar novos *scripts* sociais. [...] Intervir não é só explicitar o conflito, mas agüentar a dificuldade dele".

Considero emblemático o momento em que muitos colegas, que lutaram pela causa socioeducacional e/ou pelas intervenções mais estéticas, começaram sua atividade de direção, oferecendo ao público a escolha de vir para a cena, quebrando o sagrado ritual psicoterápico em que era o protagonista quem ditava tudo e não se confiava efetivamente no grupo, como construção coletiva. O protagonista nesse momento foi elevado de fato à sua condição de primeiro combatente, pois o grupo poderia segui-lo no combate.

Quando esse novo fôlego surge, num primeiro momento ainda preso ao modelo anterior, aparecem, de maneira mais legitimada, formas necessárias ao exercício desse desenvolvimento. Essas novas formas, ditas novas modalidades, começaram a buscar uma metodologia própria, a exemplo da sofisticação teórico-prática atingida pelo psicodrama psicoterápico.

Aguiar assim o define:

O Teatro Espontâneo é uma modalidade de teatro interativo, cuja característica básica é a improvisação [...] temos testemunhado nos últimos tempos uma explosão de criatividade, com o surgimento de várias modalidades (divisão dele): *Role-playing*, Jornal Vivo, Axiodrama, *Playback Theatre*, Multiplicação Dramática e Peça Didática. (1998, p. 44)

Para mim parece, portanto, ser indissociável a idéia da ampliação do campo de intervenção do psicodrama do surgimento das novas modalidades. Nessa expansão do psicodrama e em sua afirmação como não unicamente psicoterápico, ele tem se transformado, na prática, em algo como psicossociodrama ou sociopsicodrama.

Como uma das representantes de uma das novas modalidades – por ter feito parte do grupo que trouxe o *playback theatre* para o Brasil e, inspirada por ele, ter co-desenvolvido a modalidade brasileira de psicodrama que passou a ser chamada de Teatro de Reprise –, sinto-me de certa forma à vontade para falar de como me situo hoje nesse cenário psicodramático.

Sou questionada no meio psicodramático brasileiro por pensadores de grande envergadura que têm reservas quanto à classificação do Teatro de Reprise como psicodrama, dada, por exemplo, a substituição do protagonista por um narrador que não entra em cena, além de outras tantas diferenças em relação ao dito psicodrama clássico. Sou igualmente questionada pela International Playback Theatre Network (IPTN) quanto ao método. É inquietante para eles quanto penso como psicodramatista, e gostariam que eu me adaptasse mais ao método *playback theatre* de Jonathan Fox.

Eu só sei dizer que todo o desenvolvimento que tenho observado, principalmente nesses últimos cinco anos de Grupo Improvise, fazem-me crer que transformações importantes são realizadas nos grupos humanos pelo fator estético e pela arte aliada a uma escuta sensível, ao respeito e a muito senso de humor. O Teatro de Reprise desenvolve uma comunicação co-inconsciente densa e mágica, por meio das esculturas fluidas e de todo o aquecimento anterior à ação dramática. A cena de um narrador dialoga intensamente com a próxima cena, e as equipes de atores e de músicos ressignificam a dramaturgia perfeita da vida. As cenas são engendradas, baseadas na mágica do que o co-inconsciente permite e propicia. Nesses catorze anos de convivência com essa modalidade, tenho certeza de que ela disponibiliza espontaneidade pela ressignificação, delicadeza e sutileza do método, "descristalizando", em pelo menos algumas pessoas do público, o que estava conservado numa recordação.

Uma fala do mestre Moreno sobre o assunto:

> Em resumo, dois métodos gerais de produção podem ser diferenciados: o método do ator-paciente, em que o paciente é ao mesmo tempo o ator principal e o informante principal; e o método do ego-ator, em que um auxiliar é o ator principal e o paciente é, meramente, o principal informante. [...] O método do ego-ator requer uma organização mais

permanente do elenco [...]. Podem ser usados como atores principais egos altamente sensíveis, dotados de um profundo talento subjetivista de imitação. (1987, p. 458)

O desenvolvimento dessa modalidade e a minha prática como professora de psicodrama propiciaram que eu fosse revendo ferramentas e atualizando conceitos. Em 2006, por ocasião do XV Congresso Brasileiro de Psicodrama, criei um quadro de referência desses recursos para debater o tema "as novas modalidades brasileiras de teatro espontâneo", que funciona como um mapa da mina. Quais seriam essas novas modalidades e quais seriam as antigas? E ainda, o que era antigo e precisaria ser atualizado, pois, na prática, a teoria já não lhe era correspondente?

O debate foi muito enriquecedor e, quando o congresso terminou, continuei trabalhando com esse quadro, complementando-o. Resultado: de cinco colunas passei a ter onze. Portanto, dois quadros surgiram, sendo que ainda poderiam ser mais completos. Porém, hoje predomina em mim o movimento interno de partilhá-los com os colegas e alunos.

A minha leitura sobre como estamos hoje se encontra nesses dois quadros de referência (Quadros 1 e 2). Durante o congresso eu ia acrescentando novas modalidades, após ter contato com elas, e retirando outras, ao descobrir, conversando com colegas, que estavam englobadas em categorias maiores[4]. Esse fato demonstra a natureza dinâmica das colunas. Tenho certeza de que minha ousadia se compara àquela de cada brasileiro que escala sua seleção de futebol, portanto, conto com a flexibilidade do leitor para buscar os acentos e acertos. Ao menos uma inspiração para, algum dia, realizar a ambição de relacionar as linhas dos quadros.

4. Também recebi uma lista de modalidades internacionais feita por Adam Blatner, mas não dei conta de entendê-las suficientemente a tempo de lançá-las nos quadros.

Quadros 1 e 2. A intervenção psicossociodramática quanto a onze aspectos.
(Para facilitar o entendimento, deve-se considerar todas as colunas independentes e justapostas em dois grandes quadros.)

Estratégia de direção	Foco (intenção da produção dramática)	Procedimento ou formato da sessão	Ferramenta (iniciar ou desenvolver a criaturgia)		Modalidade (tarefa comum)	
Sociodinâmica	Superação de dificuldades	Psicoterápico	Psicodrama	Dramatização		Teatro espontâneo
Protagonista		Socioterápico	Sessão aberta	Teatralização		Jornal dramatizado (vivo)
Criação coletiva	Aprendizagem (educacional)	Pedagógico	de psicoterapia psicodramática	Vinhetas		Role-playing
		Andragógico	Sociodrama	Fantasia dirigida		Psicodrama interno
		Comunitário	Sociodrama tematizado	Jogo	Habilidade	Psicoterapia da relação
	Sociointegrativa				Acaso	Onirodrama
		Artístico-cultural	Axiodrama		Competição	Multiplicação Dramática
			Comunidade em cena		Dramático	Teatro de Reprise / *Playback Theatre*
					Desenhos	Telepsicodrama
					Objetos simbólicos	Psicodrama líquido
				Objeto intermediário	Fantoches, bonecos, marionetes etc.	Obra disparadora (teatro, dança, poesia, literatura, fotografia etc.)
					Caixa de areia	*Sandplay* psicodramático
					Máscaras	Teatro da Criação
				Configuração do átomo social		Roda de Histórias
				Vídeo / cinema		Teatro-debate
				Esquete teatral		Jogos dramáticos consagrados no formato de uma sessão de psicodrama	Loja Mágica
				Escultura fluida			
				Camarim vivo			
				Roda indígena			Retramatização
				Dança circular			
				Genodrama			
				Recursos verbais	Fala		
					Texto		

Regularidade	Tamanho do grupo	Contexto	Instrumento	Etapa		Técnica
Ato	2 pessoas (bipessoal)	Cósmico	Direção		Geral	Inversão de papéis
Processo		Social	Protagonista			
Ato com participantes em processo	2-10 pessoas (grupo pequeno)	Grupal	Coadjuvante		Ambientação	Solilóquio
		Dramático			Grupalização	Espelho
	11-30 pessoas (grupo médio)	Lúdico			Preparação do papel de ator	Duplo
				Aquecimento	Grupal (inespecífico)	Tomada de papel
	31-300 pessoas (grupo grande)		Ego-platéia		Focal	
			Realista		Preparação do papel de autor	Concretização
			Simbólico			
			Misto		Preparação para ser platéia	Desdobramento do eu
	Acima de 300 pessoas (multidão)		Cenário			
			Sem limite		Dramático (específico)	Entrevista
	Espaço aberto		Arena	Dramatização		
			Semi-arena	De-roling		Espelho ressonante
			Elisabetano	Compartilhamento (sharing)		
			Italiano	Comentários cognitivos		Maximização
		Palco / espaço cênico	Vertical	Desaquecimento		Estéticas
			Processual		Do diretor	
			Panorâmico	Processamento (de vários pontos de vista)	Teórico / técnico	
			Audiência / público / platéia		Do tema protagônico	
			Ego-ator (organização permanente)		Da sociodinâmica do grupo	
				Jogo dramático como etapa única		
			Narrador			

PONTO DE VISTA DE UMA PSICODRAMA-ARTISTA[5]

Alguns pressupostos da minha visão do psicodrama podem ajudar a entender o ponto de vista que adoto. Considero que o teatro convencional (e não legítimo, como foi traduzido) é também revolucionário como arte. Moreno era um homem visionário e assim como outros teóricos contemporâneos a ele, como Evreinov, por exemplo, notou como o teatro de seu tempo estava estagnado. Muitas transformações foram realizadas desde então, impulsionadas por personalidades tão ousadas quanto Moreno. Discordo dele quando diz que a *Commedia dell'Arte* e o teatro convencional não são espontâneos e criativos. Basta dizer que a *Commedia dell'Arte* era a forma de a comunidade expressar o que pensava – por meio do improviso – já que no século XVI, na Itália, onde surgiu, os textos eram previamente censurados. A arte de forma geral pode ser muito transformadora ou absolutamente conservadora e conservante. Depende de como e a quem serve. O psicodrama também.

O teatro serve ao que a origem da palavra grega *théatron* nos reporta: lugar de onde se vê. Ou seja, a platéia é seu elemento mais importante. Penso que atores de teatro, assim como diretores de psicodrama, estão, generosamente, a serviço de sua platéia. O psicodramatista deve seguir seu grupo e não aparecer mais que ele. Dessa maneira poderá cumprir a missão de articular criativamente a permanente tensão entre o individual e o coletivo e entre o privado e o público.

BREVE ROTEIRO PARA A UTILIZAÇÃO DOS QUADROS

Algumas vezes crio termos, outras os redefino (por puro prazer de dizê-los com minhas palavras), outras vezes ainda considero que não poderia defini-los melhor do que seus autores e opto por citá-los. Minhas contribuições freqüentemente são inspiradas pela bibliografia já existente, o que quer dizer que valorizo o que já foi proposto e não o contrário.

---

5. Termo usado pela primeira vez por mim (Rodrigues, 1990, p. 11).

Estratégia de direção

Inspirada por Knobel (1996), proponho que todas as estratégias de direção sejam centradas na espontaneidade e que elas se diferenciem pela estratégia articulada pela via da sociodinâmica grupal, pelo emergente grupal (protagonista ou narrador) ou pela *criação coletiva*. Esta última pode funcionar com subgrupos, com todos os membros ou mesclando essas duas maneiras. Em todas as alternativas a direção deve afinar ao máximo sua "escuta grupal".

Foco

Trata-se da intenção da produção dramática. O *foco* pode estar previamente determinado ou ser estabelecido entre direção e participantes no início ou durante o processo. É desejável que uma eventual mudança seja explicitada, caso ocorra, para que todos legitimem a alteração. O *foco*, portanto, é o próprio contrato e objetivo. *Superação de dificuldades*: são intervenções realizadas buscando devolver um movimento natural ao organismo individual ou grupal. *Foco psicoterápico*: no caso de tratar da saúde mental/emocional/social de indivíduos isolados. Pode acontecer entre psicodramatista e cliente (bipessoal) ou até entre equipe e grupo de clientes. *Foco socioterápico*: no caso de sociodinâmicas grupais, de natureza institucional, corporativa, familiar, afetiva etc., com vínculo grupal anterior à intervenção ou não. *Aprendizagem*: são intervenções que visam desenvolver um conceito, uma atitude. Foco voltado para crianças e adolescentes: *pedagógico* (por exemplo, o estudo de um texto, um fato histórico); para adultos: *andragógico* (por exemplo, envolvendo ética, criatividade, motivação, trabalho em equipe, diversidade etc.). *Sociointegrativa*: são intervenções que visam à integração de um grupo ou agrupamento de pessoas para que juntas possam empreender outras ações ou para disparar individualmente multiplicadores dessas ações conjuntas. *Foco comunitário*: baseia-se em articulações comunitárias com o aprofundamento de temas do interesse daquela comunidade, nascidos na própria intervenção ou trazidos pela direção, respeitando a cultura da comunidade. *Foco artístico-cultural*: intervenções buscando entretenimento interativo e significativo do grupo para diversão ou integrado com aprendizagem social. Todos os tipos de foco pressupõem prevenção.

Procedimento ou formato da sessão

Os formatos *psicodrama* e *sociodrama* são os já conhecidos pelos psicodramatistas. O *axiodrama* baseia-se em um eixo (*áxon*), portanto, em um tema ou assunto. Os psicodramatistas associam o *axiodrama* a intervenções relacionadas com temas éticos e valores sociais e culturais. Portanto, sociodramas com outros temas são mais freqüentemente chamados somente de *sociodramas tematizados*. Uma prática habitual no Brasil há alguns anos são as *sessões abertas de psicoterapia psicodramática*, nas quais pessoas que não necessariamente se conhecem vivenciam uma intervenção psicoterápica em grupo com começo, meio e fim (ato). *Comunidade em cena*: é um formato de sociodrama que possui a especificidade do trabalho com grupos, geralmente grandes, com peculiaridades de construção coletiva. A intervenção desafia a comunidade a se questionar e a se desenvolver de acordo com esse questionamento. A característica especial desses grupos é a entrada e saída de pessoas durante o trabalho, constituindo um desafio para a sua condução, especialmente nos quesitos manutenção do aquecimento e inclusão, a exemplo das atividades em praças públicas ou dos psicossociodramas públicos no Centro Cultural São Paulo[6] (Cesarino *et al.*, 2005; Davoli, 2006; Rodrigues, 1995).

6. Um trabalho de ousadia e garra de uma equipe liderada por Antônio Carlos Cesarino e Cida Davoli, da qual faço parte, com muito orgulho, junto com outros brilhantes colegas psicodramatistas.

Ferramenta

As *ferramentas* são recursos, específicos ou não, de algumas modalidades, utilizados para iniciar ou desenvolver a criaturgia psicodramática. Várias ferramentas combinadas podem ser utilizadas numa intervenção psicossociodramática. Considero também que elas não precisam ser exclusivas da abordagem psicodramática nem estar constituídas como método. Não pretendo esgotar as possibilidades de ferramentas disponíveis, mas oferecer uma lista expressiva e atualizada. Distingo *dramatização* de *teatralização*. Na primeira, a ação dramática vai se construindo predominantemente enquanto a ação vai acontecendo. Já na teatralização, há a definição do esboço ou da cena completa quando a encenação começa. A improvisação acontece, portanto, com base em uma dramaturgia já resolvida. *Vinhetas*: são várias cenas relativamente curtas que podem ser aprofundadas, sem que isso seja obrigatório. *Fantasia dirigida*: qualquer condução realizada pelo diretor em que lugares, personagens etc. são sugeridos ao grupo e cada um vai desenvolvendo, em silêncio, na sua imaginação, cada sugestão. É comum a instrução de manter os olhos fechados ou baixos, com o objetivo de propiciar a concentração e introspecção. *Jogo*: é uma prática anterior ao nascimento do psicodrama e amplamente discutida por vários autores. Utilizo a classificação de Roger Caillois (Caillois, 1990; Rodrigues, 1995). *Objeto intermediário*: qualquer material concreto ou abstrato que intermedeie a relação entre direção e representação, reduzindo tensões e propiciando um clima lúdico. *Configuração do átomo social*: recurso mais freqüentemente usado no foco psicoterápico como autodiagnóstico e disparador de transformação da situação atual. *Vídeo/cinema*: recursos de vídeo e cinema usados como disparadores para a platéia, como nas experiências do grupo Vagas Estrelas, podendo contar com depoimentos reais em vídeo combinados com esquetes teatrais, como fizeram Ronaldo Pamplona e Carlos Borba, com o intuito de discutir a sexualidade. *Esquete teatral*: peça curta, ensaiada, que retrata alguma situação relacionada com um tema de interesse para a atividade pretendida. *Escultura fluida*[7]: a platéia solicita emoções e os egos-atores as representam cenicamente, por meio de sons e movimentos. A mágica reside no instante exato em que todos os gestos e sons são congelados e surge, por alguns segundos, uma escultura viva e plena de expressão. Essa ferramenta poderia ser comparada ao coro grego, além de aquecer platéia e elenco para um diálogo cênico, gerando confiança para a interlocução. *Camarim vivo*: constitui-se num convite à platéia para que entre no espaço cênico e crie personagens, esculpindo as posições dos egos-atores e produzindo o acabamento com o figurino disponível[8]. Funciona especialmente bem em grupos muito contidos, como os da área corporativa. *Roda Indígena*: usada para favorecer um clima mais íntimo e de pertencimento. Os participantes são convidados a contar sonhos ou "causos" vividos. Difere da *Roda de Histórias* de Aguiar (2000). É inspirada na reunião comum em algumas tribos indígenas brasileiras, em que seus membros contam como foi seu dia, narram seus sonhos e partilham suas experiências diárias, em clima de naturalidade e confiança. *Dança circular*: um focalizador[9] de dança circular sagrada conduz uma dança conjunta em roda, favorecendo um clima animado e propício à realização de tarefas coletivas. A *música* e o *elemento verbal* são já há muito utilizados por psicodramatistas: desde sons e músicas gravadas até sua percussão em instrumentos, no chão ou no próprio corpo. Há também o uso dos textos escritos, literários, poéticos ou dramatúrgicos, ou da palavra falada, especialmente importante durante a elaboração do *insight* dramático.

   7. Criada por Jonathan Fox (Salas, 2000) e amplamente usada tanto no *Playback Theatre* como no Teatro de Reprise.
   8. Esse recurso foi criado e desenvolvido por mim e pelo Grupo Improvise para o Teatro de Reprise.
   9. Termo específico usado em danças circulares sagradas para designar o condutor da dança.

Modalidade

A *modalidade* estrutura a tarefa comum de um grupo. É usada aqui como sinônimo de método. *Teatro espontâneo*: nesse caso, como modalidade e não com sentido genérico, embora todas as modalidades psicodramáticas sejam inspiradas no teatro espontâneo (Aguiar, 1998). Essa opção foi feita apenas para servir à categorização, facilitando o emprego do termo, e foi baseada no uso mais freqüente entre os psicodramatistas brasileiros. *Jornal dramatizado*: é a dramatização de uma notícia. Trata-se de uma modalidade ampla, ou seja, não necessariamente são usadas notícias de jornal, mas também as recordadas, inventadas, os mitos ou manchetes baseadas em histórias pessoais. *Roleplaying*: termo usado para designar um método de exercício do papel que os componentes do grupo efetivamente estão formando e desenvolvendo. Vale ressaltar que não se trata somente de um ensaio do papel em questão, visão comum no meio organizacional. O método, como qualquer intervenção psicodramática, é aberto e busca a verdade do grupo no aqui e agora, sem respostas prévias nem recados. Para alguns dos conceitos, cito referências bibliográficas de autores que os exploraram: *psicodrama interno* e *psicoterapia da relação* (Fonseca, 2000); *onirodrama* (Wolff, 1978); *Multiplicação Dramática* (Mascarenhas, 1997). *Telepsicodrama*: vídeo e cinema como disparadores e coadjuvantes da ação dramática. Ronaldo Pamplona e Carlos Borba são pioneiros brasileiros no método. *Teatro de Reprise*: inspirado no *Playback Theatre* de Jonathan Fox (Salas, 2000), o Teatro de Reprise começou com o Grupo Reprise[10], em 1993, e vem sendo desenvolvido por mim e pelo Grupo Improvise – de forma bem brasileira e com um enfoque mais psicodramático do que o que Fox propõe – e também por vários grupos hoje existentes. Trata-se de um método de intervenção que induz à recordação de cenas vividas ou sonhos – sonhados, não imaginados –,

---

10. Extinto em 2000 e do qual a autora foi uma das componentes.

baseada ou não em determinado tema. Os relatos dessas cenas, feitos por narradores, são teatralizados e musicados por um elenco permanente de egos-atores e músicos. Através da combinação das cenas busca-se um aprofundamento simbólico e estético com a ressignificação do relato e o convite ao diálogo co-consciente e co-inconsciente com a platéia, por meio do próximo relato e do compartilhamento das cenas recordadas durante a intervenção. *Psicodrama líquido* (Davoli, 2006).

Obra de arte disparadora: trata-se da utilização de esquete teatral ou trecho de peça, poesia lida ou declamada, texto literário ou dramatúrgico, fotografia etc. para desencadear a ação dramática, muitas vezes com interferências do público na própria obra. O psicodramatista sempre lançou mão desses recursos, mas, de alguns anos para cá, grupos como Vagas Estrelas, dirigido por Camila Gonçalves, Cia. Agruppaa (aparelho grupal para pensar pensamentos, ações e afetos), por Milene Féo, e Gota D'Água, por Cláudia Fernandes, vêm sistematizando e refinando cada vez mais sua metodologia. Féo também integra a peça teatral de construção coletiva que chama de *Dramaturgia Ancoradoura*, com Teatro de Reprise e Multiplicação Dramática. *Sandplay psicodramático* (Ramalho e Strauch, 2008). *Teatro da Criação* (Reñones, 2000). *Roda de Histórias* (Aguiar, 2000). *Teatro-debate* (Aguiar et al., 2004). *Loja Mágica* (Moreno, 1987). *Retramatização* (Liberman, 1995).

Regularidade

Propostas e contratos claros garantem um fluente desenvolvimento da ação dramática e resultados alinhados com os objetivos: projeto dramático (Aguiar, 1988). O *processo* prevê algo que continuará em uma ocasião pré-agendada e que deve contar com avaliações para manutenção ou melhoria. O *ato* constitui-se numa intervenção única, com objetivo determinado, que dura enquanto os membros estiverem reunidos. Possui começo, meio e fim. Já o *ato com participantes em processo* conta com iniciados e iniciantes em uma única intervenção, que se repete com certa periodicidade.

Tamanho do grupo

Há um razoável consenso na área teatral de que grupos acima de sete ou oito pessoas proporcionam, cenicamente, uma visão do coletivo (Garcia, 1986). Com um número menor de pessoas, a platéia tende a individualizar os atores. Os coros gregos tiveram, em seu início, cinqüenta pessoas, passando a contar, posteriormente, com doze ou quinze (D'Amico, 1982; Pavis, 1999), até perderem a importância pelo crescente destaque do respondedor, que acabou se transformando em ator (protagonista / deuteragonista / tritagonista, por ordem de entrada). A quantidade entre sete e oito é confirmada pelos psicanalistas como suficiente para uma boa intervenção em análise de grupo. Pisani (2005) considera um grupo pequeno aquele que possui três a sete membros. Um grupo intermediário, de doze a trinta membros. E acima de trinta, um grande grupo. A divisão utilizada é uma abstração que funciona como referencial, pois é possível que se crie a impressão de multidão no palco com, por exemplo, apenas três atores. E nós, psicodramatistas, sabemos há muito tempo que um grupo, mesmo grande, poderá, em dados momentos de uma intervenção, comportar-se como um organismo único em movimento. As intervenções em grupos cada vez maiores (Rodrigues e Knobel, 2006; Rodrigues, 2005) têm sido um desafio para os diretores, que precisam desenvolver recursos específicos (Cesarino *et al.*, 2005). O grupo em espaço aberto é uma massa flutuante de pessoas que se ligam pelo contexto social. Por lapsos de tempo curtos estão juntas, por meio da direção psicodramática, que cria contextos grupais e dramáticos "líquidos" (Davoli, 2006). É o caso do psicodrama realizado com alunos no interior dos trens do metrô de São Paulo, em 1995 (Rodrigues, 1995).

Contexto

Considero a noção de contexto, ainda que não formulada por Moreno, um elemento precioso e central da prática psicodramática, pois define a convenção entre as pessoas envolvidas na intervenção. Adoto a definição de Aguiar (1998) para *contextos social, grupal e dramático*. Também dele, há uma definição menos conhecida de *contexto cósmico* (Aguiar, 1988). Minha definição de *contexto lúdico* (Rodrigues, 1995) mostra que ele se situa entre o grupal e o dramático, por meio de um jogo de papéis partilhado e com baixo teor de conflito. O "desmancha-prazeres" é o grande vilão desse contexto. Portanto, todos devem participar de alguma maneira.

Instrumento

Prefiro *direção* a diretor, porque pode haver um diretor, dois, vários, ou uma equipe com egos-auxiliares e diretor(es). Deve-se lembrar que a direção também faz parte do grupo, com uma função específica de fazer constantes leituras grupais (para si mesmo) no decorrer da ação, a fim de utilizar ou não manejos técnicos que sigam os caminhos do grupo, para servi-lo. O conceito de *protagonista*, aqui, é baseado na definição de Falivene Alves (1994), com a ressalva de considerar o protagonista como o primeiro combatente, ou seja, aquele que foi destacado do coro pela primeira vez na tragédia grega e não obrigatoriamente como personagem principal. O *coadjuvante* pode ser *ego-auxiliar* do diretor ou um *ego-platéia*, que seria um ator voluntário oriundo da platéia, sem necessariamente possuir treino como ator ou psicodramatista.

Na construção do *cenário* podem ser usados objetos que se representem a si mesmos (realista) ou que representem outros objetos (simbólico), ou ainda é possível convencionar-se que ali existe um objeto que ninguém vê. Pode também haver um misto de ambos os *cenários*. É importante não confundir *palco* com *cenário*, pois o *espaço cênico* é um lugar e o *cenário* é um modo de organizá-lo. O *palco* é o espaço de representação e a *platéia*, o espaço do *público* ou *audiência*. Palco sem *limite*: não há limite entre representação e público. Trata-se de um espaço onde representação e platéia se misturam. Em geral, considerado pelo psicodramatista como ampliação do espaço cênico (Garcia, 1986). *Arena*: representação ao centro e platéia em volta. Esse é o espaço cênico mais natural e mais democrático. *Italiano*: público à frente da representação. Separação total entre a representação e a platéia. É o tipo de palco mais usado no Brasil e, politicamente, o mais autoritário. *Semi-arena*: como a arena, com uma parte reservada para as costas dos atores. *Elisabetano*: como o italiano, com uma parte do palco que se projeta para dentro da platéia. Um grande T. É um tipo de semi-arena. *Vertical*: a representação acontece em andares e o público a envolve em diferentes níveis, ou apenas um nível. *Processual*: o público vai caminhando junto com a representação, havendo a possibilidade de combinação de vários tipos de espaço durante o percurso. *Panorâmico*: a representação envolve o público por todos os lados. *Audiência / público / platéia*: pessoas que podem participar da intervenção a qualquer momento e transformar o curso da ação dramática. Devem ser torcedores palpitantes, co-participantes e co-responsáveis pelo rumo da intervenção. *Ego-ator*: em algumas modalidades, como no Teatro de Reprise, existe a utilização de atores treinados, muitas vezes em uma organização permanente, como equipe, que ressignificam a cena para um *narrador*, que não atua. Moreno os chamou de *egos-atores* (Moreno, 1993). *Narrador*: emergente grupal que relata sua cena recordada, sonhada ou imaginada, assistindo-lhe ao ser encenada por egos-atores, com a mediação da direção.

Etapa

O *aquecimento* constitui-se em uma preparação para a ação dramática, em que o grupo e a direção devem vincular-se e criar uma cumplicidade co-consciente e co-inconsciente, além de um tônus corporal / emocional para entrar em ação. Uma das tarefas mais difíceis da direção é manter esse "calor". O *aquecimento social* constrói as bases do contexto grupal, fazendo contratos ou reiterando-os, dando informações e procurando espantar as ligações mentais / emocionais com tudo que não faça parte do contexto grupal. O *aquecimento social* visa direcionar a atenção do grupo para a tarefa conjunta. O *aquecimento grupal*, o inespecífico de Moreno, cria a disponibilidade para a mágica, para o inusitado, para a realidade suplementar por meio de passos. Adoto as etapas do *aquecimento grupal* propostas por Davoli (1997), não necessariamente na mesma ordem. Sob essas condições, a direção aquece o aspecto *cênico* (específico), construindo as bases da permissividade do contexto dramático, que vai favorecer o surgimento do estado de espontaneidade. Os termos grupal e cênico são inspirados na proposta de Moreno já modificada por Aguiar (1998). O *aquecimento cênico* especifica cenário, personagens, início de cena, eventual figurino (vestimenta dos personagens), adereços cênicos (apetrechos como livro, bolsa, copo etc.) e o embrião do argumento da cena. Segue-se a esta a etapa da *representação*. Ela pode ser uma *dramatização* ou um *jogo dramático*. *Dramatização*: baseia-se no conflito e é a etapa nuclear, o clímax. É o ponto de criação maior, no qual os personagens, já definidos, ganham vida e improvisam falas e gestos permeados pelo tema protagônico e pela própria interação do momento (Rodrigues, 1988). Considero incluídas nessa etapa todas as encenações das modalidades não clássicas, como Teatro de Reprise, Multiplicação Dramática etc. *Jogo dramático*: pode ser utilizado como aquecimento para dramatização ou como estrutura da intervenção. Neste último caso, mantém a mesma estrutura, porém, com a etapa da dramatização substituída pelo próprio jogo de papéis. Nessa hipótese, a direção procura não acentuar o conflito e busca uma participação conjunta com baixa tensão, explorando a ampliação e o desenvolvimento de papéis. *De-roling*: Diferencio *de-roling*, definido por Aguiar (1998), de *desaquecimento* segundo o momento em que cada uma dessas intervenções acontece. O *de-roling* marca a mudança do contexto dramático para o grupal, de modo que os atores sejam "desvestidos" dos personagens. O *desaquecimento* constitui-se em um procedimento para caracterizar, de maneira suave ou pontual, o final dos trabalhos dramáticos e grupais, encaminhando o grupo para o contexto social. Este último pode ser necessário ou não, ficando a critério da direção. Emoções muito intensas vividas pelo grupo durante a intervenção podem, em contato com a pouca flexibilidade do contexto social, desproteger subjetividades que floresceram, encontrando-se ainda na fase embrionária, no contexto dramático, ameaçando a espontaneidade recém-surgida. *Compartilhamento*: pode-se diferenciar também o *compartilhamento emocional*, e depois, de maneira optativa, uma etapa de *comentários cognitivos*, para reflexão sobre um tema que acabou de ser vivenciado na intervenção (essa etapa complementar pode ser verbal ou dramática, com a presença de ressonâncias ou vinhetas). *Processamento*: visa o entendimento cognitivo do que ocorreu na intervenção (objetivo didático). Pode privilegiar a ênfase em vários pontos de vista (Aguiar, 1998): da direção, teórico / técnico, do tema protagônico, da sociodinâmica grupal etc.

Técnica

As técnicas constituem interrupções do fluxo da ação dramática e retornos a ele, sendo realizadas pela direção ou autorizadas por ela, na vigência do contexto dramático. Todas visam o aprofundamento do estado de espontaneidade gerador do *insight* dramático grupal. A seguir serão listadas as técnicas clássicas, já amplamente discutidas, e minhas contribuições. *Inversão de papéis*: a inversão total e a parcial (*tomada de papel*) buscam a máxima do psicodrama – colocar-se no lugar do outro. Não para concordar com ele, mas para identificar e "sentir na pele" o ponto de vista deste outro. A inversão de papéis é mais do que uma técnica dramática: é uma atitude, um dos conceitos centrais da abordagem psicodramática. *Solilóquio*: permite uma comunicação direta entre a subjetividade do ator e os outros participantes, em uma cena ou fora dela, mediante a formulação verbal, em voz alta, do conflito. A mágica reside em uma suspensão "no tempo dramático", acompanhada de uma instrução de que essa fala seria inaudível. *Espelho*: permite a separação cênica entre ator e autor. O ator é substituído por um ego-auxiliar ou objeto, de forma que o autor possa ver a cena com distância suficiente para sua reflexão emocional e posterior transformação da ação. *Espelho ressonante*: o autor se converte em narrador ao relatar sua cena vivida e assiste à ressonância de seu relato em egos-atores. A ressonância poderá ocorrer em forma de cena representada, em forma simbólica ou em esculturas fluidas, conforme orientação da direção na modalidade adotada. *Duplo*: técnica caracterizada por uma espécie de sombra falante, que expressa, em geral, a emoção do personagem. Uma ampliação do duplo poderia ser um coro colocado atrás do protagonista, repetindo falas ou sons para enfatizar a emoção (*duplo amplificado*). *Concretização*: uma emoção ou sensação passa a ser um personagem. Na cena, esse personagem normalmente se comunica apenas com o dono da emoção ou, no máximo, com outras emoções do mesmo dono. *Desdobramento do eu*: vários "eus" contracenam, representando aspectos do mesmo indivíduo. *Entrevista*: conversa entre diretor e personagem. Essa técnica pode desaquecer a platéia, caso a entrevista seja longa. *Maximização*: exagero de uma gestualidade surgida durante a dramatização e que pode denunciar uma pista da emoção condutora de transformações importantes da ação dramática. *Estéticas*: considero estéticas todas as interrupções realizadas pela direção que busquem melhor entendimento da cena pela platéia. Por exemplo: para que uma só cena seja vista e ouvida de cada vez, pode-se congelar a(s) outra(s) cena(s). Outro exemplo seria solicitar que o protagonista fale mais alto ou se coloque de frente para a platéia.

CONSIDERAÇÕES FINAIS

As sistematizações de conceitos, que articulam a teoria com a prática, precisam ser constantemente revistas e atualizadas. As novas demandas desafiam os educadores a repensar o que aprenderam com seus educadores. Esse é o ciclo. Alguns aspectos relativos ao psicodrama, entretanto, jamais vão mudar:

- seu princípio de busca da inclusão;

- a grande utopia revolucionária de uma sociedade mais criativa e coletiva de fato;
- a busca de dar voz ao outro e a si mesmo por meio da ação e da arte;
- a quebra com o estereotipado, parado, estagnado e sem viço, dando lugar ao novo, ao que desestabiliza e promove novas respostas;
- e principalmente que é essencial que o nosso trabalho como psicodramatistas seja feito com alegria, disseminando alegria.

Referências bibliográficas

AGUIAR, M. *Teatro da anarquia: um resgate do psicodrama*. Campinas: Papirus, 1988.

_____. *Teatro espontâneo e psicodrama*. São Paulo: Ágora, 1998.

_____. "Uma nova técnica: a Roda de Histórias". *Revista Brasileira de Psicodrama*, São Paulo, v. 8, n. 2, p. 111-4, 2000.

AGUIAR, M. et al. "O psicodrama e a educação sexual através do teatro-debate". *Revista Brasileira de Psicodrama*, São Paulo, v. 12, n. 2, p. 169-78, 2004.

BLATNER, A; BLATNER, A. *Uma visão global do psicodrama: fundamentos históricos, teóricos e práticos*. Trad. Pedro S. Dantas Jr. São Paulo: Ágora, 1996.

CAILLOIS, R. *Os jogos e os homens: a máscara e a vertigem*. Trad. José Garcez Palha. Lisboa: Cotovia, 1990.

CESARINO, A. et al. "Brochura 2 anos de psicodrama público no Centro Cultural: um encontro com a finalidade de experimentar ser ator e autor de suas próprias histórias com sentidos individuais e coletivos, ao mesmo tempo", 2005.

D'AMICO, S. *Storia del teatro drammatico*. Roma: Bulzoni, 1982.

DAVOLI, C. "Aquecimento: caminhos para a dramatização". *Revista Brasileira de Psicodrama*, São Paulo, v. 5, n. 1, p. 51-61, 1997.

_____. "Cenas psicodramáticas: psicodrama líquido". *Revista Brasileira de Psicodrama*, São Paulo, v. 14, n. 1, p. 79-90, 2006.

_____. "O teatro espontâneo e suas terminologias". *Revista Brasileira de Psicodrama*, São Paulo, v. 3, n. 1, p. 15-20, 1995.

FALIVENE ALVES, L. "O protagonista: conceito e articulações na teoria e na prática". *Revista Brasileira de Psicodrama*, São Paulo, v. 2, n. 1, p. 49-55, 1994.

FONSECA, J. *Psicoterapia da relação: elementos de psicodrama contemporâneo*. São Paulo: Ágora, 2000.
FOX, J. *O essencial de Moreno: textos sobre psicodrama, terapia de grupo e espontaneidade*. Trad. Moysés Aguiar. Ágora: São Paulo, 2002.
GARCIA, C. Anotações de aula: disciplina de Cenografia do século XX. São Paulo, Escola de Comunicações e Artes, Universidade de São Paulo, 1986.
KNOBEL, A. M. "Estratégias de direção grupal". *Revista Brasileira de Psicodrama*, São Paulo, v. 4, n. 1, p. 49-62, 1996.
_____. *Moreno em ato: a construção do psicodrama a partir das práticas*. São Paulo: Ágora, 2004.
LIBERMAN, A. "Retramatização: a trama individual, a retrama grupal e a ação dramática como agente de transformação: uma proposta sociodramática". *Revista Brasileira de Psicodrama*, São Paulo, v. 3, n. 2, p. 25-39, 1995.
MASCARENHAS, P. H. A. "O psicodrama de Adolf Hitler: um paradigma do psicodrama e sua relação com a Multiplicação Dramática". *Revista Brasileira de Psicodrama*, São Paulo, v. 5, n. 1, p. 43-50, 1997.
MORENO, J. L. *Psicodrama*. Trad. Álvaro Cabral. 4. ed. São Paulo: Cultrix, 1987.
_____. *Quem sobreviverá? Fundamentos da sociometria, psicoterapia de grupo e sociodrama*. 3 v. Trad. Alessandra R. de Faria, Denise L. Rodrigues e Márcia A. Kafuri. Goiânia: Dimensão, 1993.
PAVIS, P. *Dicionário de teatro*. Trad. Jacob Guinsburg e Maria Lúcia Pereira. São Paulo: Perspectiva, 1999.
PISANI, R. A. *Elementos de análise de grupo: grupos pequenos e intermediários*. Trad. Sérgio Marcos V. Trunci. São Paulo: Casa do Psicólogo / SBPSP, 2005.
RAMALHO, C.; STRAUCH, V. O sandplay psicodramático: a aplicação do psicodrama na caixa de areia. Centro de Documentação e Informação da Febrap. Disponível em: <http://febrap.org.br/biblioteca/biblio_artigos.php?txt=txt_000 063.php&tipo_busca=geral>. Acesso em: 21 mar. 2008.
REÑONES, A. *Do playback theatre ao teatro de criação*. São Paulo: Ágora, 2000.
RODRIGUES, R. A. "A escolha profissional na cena do Teatro de Reprise". In: FLEURY, H. J.; MARRA, M. M. (orgs.). *Intervenções grupais nos direitos humanos*. São Paulo: Ágora, 2005, p. 69-91.
_____. "Jogo em espaço aberto". In: MOTTA, J. (org.). *O jogo no psicodrama*. São Paulo: Ágora, 1995, p. 111-22.
_____. *O psicodrama e o ensino: aplicação de técnicas psicodramáticas no ensino de um teste de personalidade*. 1988. 136 f. Dissertação (Mestrado em Artes) – Escola de Comunicações e Artes, Universidade de São Paulo, São Paulo.

_____. "Um pouco de teatro para psicodrama-artistas". *Revista Brasileira de Psicodrama*, São Paulo, v. 2, n. 2, p. 11-20, 1990.

RODRIGUES, R. A.; KNOBEL, A. M. "Dois encerramentos e dois olhares". In: FLEURY, H. J.; MARRA, M. M. (orgs.). *Práticas grupais contemporâneas: a brasilidade do psicodrama e de outras abordagens*. São Paulo: Ágora, 2006, p. 43-68.

SALAS, J. *Playback theatre: uma nova forma de expressar ação e emoção*. Trad. Ângela Bernardes e Antônio Ferrara. São Paulo: Ágora, 2000.

WOLFF, J. R. A. S. "Onirodrama e choque psicodramático". *Revista Febrap*, São Paulo, v. 1, maio 1978.

8. O SOCIODRAMA E O *ROLE-PLAYING* NA PRÁTICA SOCIOPSICODRAMÁTICA

Cybele Maria Rabelo Ramalho

Na abordagem moreniana, o ser está inserido num mundo ordenado pelas conservas culturais (leis e ideologias coletivas), com a tendência de repetir compulsoriamente suas experiências relacionais, num processo crescente de robotização. Porém, por meio da sua espontaneidade criativa, paradoxalmente ele busca o encontro e relações télicas, a transcendência existencial nas suas relações com o mundo.

Diante dessa contradição, Moreno criou a socionomia, com o objetivo de viabilizar ao homem essa possibilidade de transformação, baseando-se em conceitos e instrumentos mais próximos da vida de fato e tentando apreender as tensões sociais *in vivo*, em *status nascendi*, num movimento de dentro dos pequenos grupos para fora, em que todos se envolvem na co-participação e na co-responsabilidade. Esse processo socionômico é particularmente efetivo no contexto socioeducacional, indo além em relação ao mais conhecido psicodrama terapêutico. Tentamos ser coerentes com a metáfora utilizada por Moreno, que alertou-nos sobre o fato de que usar o psicodrama apenas nos consultórios privados seria como usar um jato para ir até a esquina.

Tratando-se de intervenções socioeducativas, o trabalho realizado com a abordagem sociopsicodramática é desenvolvido, na maioria das vezes, com o sociodrama e com o *role-playing* ou interpretação espontânea de papéis, conteúdo este que nos cabe apresentar neste capítulo. Iniciaremos nossa discussão apresentando o sociodrama e, em seguida, abordaremos o *role-playing*, ilustrando o tema com um breve relato da nossa prática socioeducativa.

Moreno definiu o *sociodrama* como o método profundo de ação para a abordagem de relações intergrupais e de ideologias coletivas, diferenciando-o do psicodrama (Fox, 2002). Embora ambos se constituíssem em procedimentos sociátricos específicos (métodos de tratamento dos grupos), o sociodrama seria mais centrado nos conceitos da teoria dos papéis, na teoria da espontaneidade e na antropologia vincular (Menegazzo *et al.*, 1995). Enquanto a abordagem grupal no psicodrama estaria direcionada para um grupo de indivíduos privados (centrado na fantasmática pessoal), o verdadeiro sujeito do sociodrama seria o próprio grupo. O seu objetivo seria trabalhar com problemas ou temáticas sociais, fundamentando-se nos papéis socioculturais e nos tipos representativos de dada cultura, almejando uma catarse social.

Destacamos algumas diferenças e semelhanças entre o psicodrama e o sociodrama. O psicodrama provém de uma realidade interna, de um mundo privado, e busca sua expressão no drama coletivo; resulta num movimento "de dentro para fora", na tentativa de objetivar a experiência subjetiva. O sociodrama, por sua vez, advém de acontecimentos sociais, de um mundo de relações coletivas, e possibilita que cada sujeito se coloque vivencialmente ou subjetivamente, relacionando-se com uma realidade que é de todos; resulta num movimento "de fora para dentro", buscando subjetivar a realidade objetiva. No psicodrama, o grupo se estrutura por meio de um protagonismo (um protagonista que surge de forma espontânea após um aquecimento no contexto grupal) e, mais tarde, durante o compartilhamento, os participantes mostram as suas singularidades. Procura o psicodrama geralmente quem tem uma urgência protagonista, um conflito, sintomas específicos etc.

O eixo estratégico do psicodrama é formado pela tele, transferência e pela matriz de identidade. Parte-se da sociometria grupal interna ou da sociometria do contexto grupal para que se proceda à ressignificação da matriz de identidade (Mascarenhas e Pinto, 1990). No sociodrama, o grupo compartilha experiências e interage após um estímulo inicial virtual ou na presença de um tema objetivo, um fato ou realidade social. Em geral, começa-se com a passagem do contexto social para o desenvolvimento de um contexto grupal, focando-se na interação grupal; posteriormente, cenas são produzidas, todos atuam, fazem solilóquios e agrupam-se em pequenos grupos por afinidade, que, por sua vez, podem se apresentar depois em novas cenas ou personagens. Algumas cenas podem ser mais densas e refletir o co-inconsciente grupal. Procura o sociodrama quem tem necessidade de interagir com os outros.

Assim, os trabalhos com grupos pré-formados ou preexistentes são sociodramáticos. O eixo estratégico do sociodrama encontra-se na interação grupal e na produção relativa a um tema. Pedaços de cenas se encaixam em outras, produzindo novos significados, novas interações e subjetivações.

Essas diferenças entre psicodrama e sociodrama são amplas, mas os dois métodos sociátricos apresentam algumas semelhanças e seu limiar diferencial muitas vezes não é nítido. Segundo Mascarenhas e Pinto (1990), tanto o psicodrama quanto o sociodrama trabalham com papéis sociais e psicodramáticos. Este último tipo de papel, definido por Naffah Neto (1979), é o papel espontâneo-criativo, resultado da decomposição do papel social, com o resgate da experiência subjetiva inerente. Em algum momento, tanto no sociodrama como no psicodrama, a objetividade e a subjetividade se encontram. Pois, para Moreno, o sujeito se constitui por meio dos papéis, com a discriminação e articulação entre os papéis sociais e psicodramáticos, processo este necessário para o desenvolvimento da tele, da palavra e da espontaneidade, valores essenciais nos processos psicossociodramáticos. Portanto, não há oposição entre a dimensão social e a psicológica; elas são complementares e interdependentes.

Enfim, consideramos o psicodrama e o sociodrama procedimentos complementares e convergentes para o ponto comum do ser-no-mundo. Ambos fazem parte da revolução criadora proposta por Moreno, que consiste na transformação das relações sociais pela modificação na estrutura e na dinâmica de redes sociométricas de pequenos grupos, já que, para ele, só é possível mudar uma realidade social se partirmos do microssocial para o macrossocial. Em geral, o trabalho pode se tornar, na prática, sociopsicodramático. Mas, é preciso dosar as preponderâncias do foco no social ou no psicoterápico, dependendo do contexto em que estivermos trabalhando e do contrato estabelecido com o grupo. Citamos como exemplo a multiplicação dramática (técnica criada pelos psicodramatistas argentinos Eduardo Pavlovsky, Hernán Kesselman e Luis Frydlewsky), em que há uma combinação das perspectivas sociodramática e psicodramática, ou seja, os dois eixos estratégicos antes citados são misturados: 1. tele – transferência – matriz de identidade; 2. interação – produção coletiva – atravessamentos.

Segundo Mascarenhas e Pinto (1990, p. 498-500), na multiplicação dramática o sujeito é atravessado, literalmente, pelas diversas subjetividades dos integrantes do grupo, em estado criativo. Essa técnica consiste em levar o protagonista de um grupo a uma dramatização descritiva (recorrendo em geral às técnicas básicas), que será a cena original. Depois, cada integrante do grupo passa a multiplicar dramaticamente essa primeira cena, que, de obra de uma única autoria e produção, passa a ser uma produção de vários autores, pois o trabalho envolve a ressonância grupal (com base na cena inicial são criadas várias cenas, consoantes e ressoantes). Mas, tratando-se de intervenções socioeducativas, o trabalho é contratado como sociodramático, embora esse tratamento do grupo possa se desenvolver com efeitos psicodramáticos, uma vez que o sociodrama é uma forma de socioterapia.

Marra (2004) afirma que podemos utilizar o sociodrama como um método psicopedagógico de trabalho com grupos, para facilitar a aprendizagem de papéis, idéias, conceitos e atitudes, por meio de vivências sociopedagógicas, pois ele permite a intervenção na vincularidade dos grupos naturais espontaneamente formados (casais, famílias, comunidades etc.) ou de grupos instrumentais (grupos de trabalho e de aprendizagem). Podemos citar algumas funções do sociodrama, de acordo com a autora (2004, p. 47-54):

- indica os papéis sociais que interagem no desenvolvimento das atividades comuns do grupo estudado;
- permite visualizar os conflitos do grupo e fazê-los emergir à compreensão, para que sejam resolvidos;
- esclarece as relações intergrupais, os valores que funcionam com critérios coletivos e as ideologias compartilhadas;
- possibilita a investigação psicológica dos papéis sociais dos grupos ou instituições envolvidos, diferenciando-os e deixando uma margem de privacidade aos papéis sociais.

Os conflitos latentes ou nodais dos grupos em questão poderão emergir sociodramaticamente e ser elucidados. Porém, deve-se operar na área da vincularidade social, sem contaminá-la com a fantasmática pessoal. O sociodrama pode favorecer um alcance tal que o vínculo social trabalhado poderá ser descontaminado da sua fantasmática transferencial, iniciando pela diluição das projeções e distorções perceptivas nos vínculos e incentivando-se a permanência e desenvolvimento da telessensibilidade.

De acordo com Menegazzo et al. (1995, p. 198), existem dois tipos de sociodrama: 1. o institucional (usado na prevenção primária); 2. o terapêutico (usado na prevenção secundária, como o sociodrama de casais e de família, por exemplo). Trabalha-se com duas modalidades de sociodrama: 1. o sociodrama que nasce da demanda do grupo (o tema emerge no momento); 2. o sociodrama tematizado (o tema já está definido, mas não existe *script* pronto, o roteiro brota da interação grupal).

O objetivo do sociodrama é trazer à tona uma ordem ou lógica histórico-social-cultural por meio de métodos dramáticos, partindo do pressuposto de que todo ser humano joga com papéis, tendo seu aspecto pessoal e seu aspecto cultural (este último, imposto socialmente). Por meio da vivência na microrrealidade do trabalho sociodramático, a macrorrealidade do contexto social é explicitada, pois está contida nas referências dos atores sociais envolvidos (Marra, 2004).

Desse modo, o sociodrama pode ser um método bastante útil nos trabalhos socioeducativos e comunitários, um instrumento de tomada de consciência dos problemas de determinada coletividade, assim como de estimulação do reposicionamento comum e das vias de solidariedade que podem ser criadas. Segundo Marra (2004, p. 48), ele "favorece a mobilização popular, a transformação de conceitos e a construção de serviços alternativos, podendo ser considerado um instrumento para uma clínica social, uma socioterapia *in loco*".

Observamos que no sociodrama, por meio de suas técnicas de desempenho espontâneo de papéis, todos compartilham impressões subjetivas, participam da construção do trabalho, experimentam o lugar do outro, estruturam os seus vínculos interpessoais, percebem as determinações histórico-culturais, as redes e os padrões de comunicação que atravessam suas relações, adotam conjuntamente novas estratégias de ação e desenvolvem a co-responsabilidade pelo processo coletivo.

No método sociodramático se propõe que todos experimentem o papel de agentes sociais de mudança, ou seja, que escolham a maneira de proceder que julguem mais próxima da vida real para a transmissão social e cultural de um papel, dos novos atos e conteúdos presentes na complementaridade de papéis e na formulação de estratégias.

Na aplicação do sociodrama às instituições socioeducacionais seguem-se as etapas básicas do método (aquecimento, dramatização e compartilhar), assim como surgem os seus cinco instrumentos (protagonista, diretor, cenário, platéia e egos-auxiliares) e ocorre a articulação dos contextos (social, grupal e psicodramático). No campo socioeducativo, deve-se tomar cuidado com o manejo especial da platéia, para não sair do papel social que está sendo trabalhado, envolvendo-o com papéis pessoais. Por exemplo, o participante sempre deverá falar no papel de chefe, supervisor, empregado ou cliente da empresa, explorando o que se vê na cena e no espaço dramático do aqui e agora.

Como já mencionamos, uma proposta inicialmente psicodramática pode se tornar sociodramática, e vice-versa, no decorrer do trabalho. Citamos aqui um exemplo da nossa prática. Utilizamos os contos de fadas, com uma proposta sociodramática, tematizada previamente, quando trabalhamos com o sociodrama da terceira idade (que explora o papel do idoso) e com o sociodrama segundo o sexo (abordando os papéis de homem e mulher, o masculino ou o feminino), num contexto socioeducacional. Nesses trabalhos, selecionamos para o nosso aquecimento contos de fadas específicos que tratam da jornada arquetípica do idoso e de temas arquetípicos do masculino ou do feminino.

No caso particular do sociodrama do feminino, observamos que a clientela já comparece à sessão atraída pelo tema, e previamente aquecida, ao menos em parte, na sua subjetividade. Após o aquecimento, para criar um contexto grupal e promover um clima espontâneo, distribuímos contos selecionados para o grupo, e eles são escolhidos com base em seu foco ou temática principal. Em seguida, são lidos e analisados pelos subgrupos. Posteriormente, cada subgrupo apresenta uma cena dramática expondo as associações e analogias que fizeram com a vida real, após a reflexão sobre o conto. Em seguida, solicitamos que, além da cena do real, construam e dramatizem outra cena, que represente o desejo de mudança e de transformação do grupo. No final, exploramos as cenas mais representativas para o grande grupo e refletimos sobre as questões coletivas ali expostas. Em geral, as reflexões que se seguem, na etapa do compartilhar de sentimentos, referem-se aos papéis socioculturais e às predisposições arquetípicas do sexo feminino, embora em muitas ocasiões percebamos que as cenas traduzem questões da fantasmática pessoal, no entrecruzamento com o aspecto histórico-social-cultural, ou seja, notamos que realizamos um sociopsicodrama com o grupo. Assim, a oportunidade de vivenciar um conto, recriá-lo com espontaneidade e extrair dele a sua emoção subjetiva mais vívida favorece a emergência do material inconsciente arquetípico e pessoal, ao patamar da concretização do desempenho dos papéis existenciais, assim como a emergência do co-inconsciente moreniano, que atravessa as relações do contexto grupal.

Outro procedimento técnico bastante utilizado no contexto socioeducacional é o *role-playing*, também denominado interpretação de papéis, jogo ou desempenho de papéis. Ele é o procedimento dramático auxiliar instituído por Moreno para desenvolver a aprendizagem de um papel profissional ou qualquer papel social que se queira otimizar. É uma técnica fundamental da sociodinâmica, utilizada nas situações de ensino-aprendizagem ou no que Moreno chamou de psicodrama didático (Moreno, 2006, p. 392).

A expressão "intérprete de papéis" (*role-player*) é uma tradução literal da palavra alemã *Rollenspieler*, inicialmente utilizada por Moreno. O termo em inglês foi universalizado e mantido na nossa língua por encerrar, numa única palavra, as noções de jogar, agir, brincar e movimentar, características da técnica (Kaufman *apud* Monteiro, 1993).

Segundo Knobel, o teste de *role-playing* desenvolvido por Moreno "foca-se nos papéis particulares e sociais presentes numa instituição" (2004, p. 167). Dependendo do aquecimento para estados espontâneos, podem aparecer no trabalho com o *role-playing* "aspectos ligados tanto aos denominadores coletivos como aos diferenciadores individuais dos papéis" (p. 168). Assim, o *role-playing* poderá reproduzir tanto formas estereotipadas de vivência dos papéis sociais quanto movimentos espontâneos, papéis considerados "psicodramáticos, geradores de ações originais e únicas" (Naffah Neto, 1979, p. 180).

Ao usar o *role-playing*, o diretor deve concentrar as dramatizações no papel que está sendo trabalhado contratualmente e em seus papéis complementares (por exemplo, terapeuta-cliente, professor-aluno), não incluindo outros papéis que não estejam em jogo. A não ser excepcionalmente, após a renovação do contrato com o grupo, seguindo os limites éticos.

Para Moreno, o *role-playing* é um recurso psicodramático que lida com o "como se", e que tem por objetivo desenvolver a espontaneidade-criatividade de um papel; para tal, no entanto, o processo deverá passar pelas três etapas básicas de desenvolvimento de qualquer papel:

1. *Role-taking* (quando há a tomada ou aceitação de um papel, com suas características prescritas e prontas), que gera o receptor de papéis.

2. *Role-playing* (quando o indivíduo aprende a jogar com o papel, já usa um maior grau de liberdade), que gera o intérprete de papéis.

3. *Role-creating* (quando o indivíduo já está mais livre para criar ao desempenhar o papel, com mais iniciativa), que gera o criador de papéis. Esta é a etapa final, que encerra um processo que se inicia com a tomada de um papel social, convertendo-se em psicodramático, ou seja, espontâneo-criativo.

Como se deve proceder ao utilizar a técnica? Após uma fase indispensável de aquecimento para a contextualização do grupo e a escolha dos protagonistas e egos-auxiliares, inicia-se o processo com a tomada do papel complementar que o protagonista já conhece mais, para, em seguida, mediante diversas inversões de papel (com a ajuda de um ego-auxiliar), fazê-lo experienciar o outro papel que deverá estruturar e reconhecer. O objetivo é conseguir um fluxo espontâneo e adaptativo, com bom nível de criatividade, além de uma percepção mais ampliada das dificuldades que o indivíduo apresenta no desempenho desse papel. A platéia funciona como observadora, compartilhando na seqüência sua percepção e seus sentimentos a respeito do trabalho desenvolvido com os protagonistas e egos-auxiliares no palco.

O *role-playing* é muito indicado para o trabalho com papéis com os quais há uma relação de resistência, impossibilidade ou cerceamento, assim como para o desenvolvimento da supervisão de relacionamentos profissionais, tais como médico-paciente, professor-aluno etc. Segundo Kaufman (1992, p. 193), a finalidade do "role-playing é a percepção objetiva de sentimentos e das atitudes dos outros, que desempenham o contrapapel, e a resposta mais apropriada à situação". É muito útil para que se compreendam as tensões e ansiedades provocadas por determinado papel, além de promover o esclarecimento dos mecanismos de defesa nele empregados.

O uso do *role-playing* em sala de aula, por exemplo, poderá possibilitar uma nova aprendizagem, baseada no eixo espontaneidade / criatividade, rompendo com os estereótipos de conduta ou comportamentos prefixados da conserva cultural. Pode-se falar, inclusive, numa espécie de "terapia do papel" quando se trabalha com *role-playing* para o desenvolvimento de determinado papel profissional ou social. Pois, segundo Moreno, com o *role-playing*

os estudantes aprendem a assumir ambos os papéis, o de paciente e o seu próprio papel profissional. As situações de treinamento são estruturadas de acordo com os conflitos típicos com que estão acostumados ou que têm a oportunidade de enfrentar profissionalmente. Várias versões, para que possam lidar com um paciente desregrado, podem ser representadas pelos diversos estudantes. (Moreno, 2006, p. 392)

Baseada na descrição moreniana anterior, na minha prática como professora supervisora no curso de psicologia da Universidade Federal de Sergipe, utilizo o *role-playing* na disciplina de supervisão de estágio em psicologia clínica, tendo como eixo a abordagem sociopsicodramática. No decorrer do curso, pesquisamos e avaliamos a metodologia de supervisão desenvolvida no estágio e refletimos sobre ela com o uso do referencial teórico da socionomia, tendo como foco o desenvolvimento do papel de psicoterapeuta e dando ênfase à sociodinâmica da relação terapeuta-cliente e às técnicas do *role-playing* e do sociodrama.

O método de supervisão que desenvolvemos se constitui numa estratégia do psicodrama pedagógico (Romaña, 1987). Nesse método, o conhecimento vai sendo produzido à medida que o aluno e seu grupo trabalham juntos. Cada elemento encontra oportunidades para oferecer sua contribuição, expressando sua experiência em relação ao tema, num processo dialético. Essa supervisão valoriza as aquisições anteriores do aluno, pois a estimulação do já conhecido pode tornar-se mais ampla e possibilitar, pelo processo dramático, novas organizações do conhecimento.

As técnicas são utilizadas para exemplificar conhecimentos, encontrar as soluções alternativas aos problemas apresentados, desenvolver papéis novos, prevenir situações ansiógenas, sensibilizar o grupoclasse, elaborar mudanças e avaliar o trabalho do grupo. Esse método de supervisão permite ao professor supervisor verificar numa situação "viva", no *role-playing*, a validade do conhecimento que foi incorporado por meio da rotina educativa e retificar os erros ou distorções que foram produzidos, ampliar a compreensão dos aspectos emocionais envolvidos nesse conhecimento etc. Também permite vivenciar uma relação com os alunos numa perspectiva horizontal, estar sempre com eles e nunca acima deles, pois essa postura favorece a troca, a intersubjetividade e as avaliações recíprocas, estimulando o desenvolvimento da telepercepção no vínculo professor-aluno.

Consideramos a situação de supervisão como um contexto articulador, em que o aluno poderá unir suas diversas experiências teóricas à experiência clínica iniciante. No nosso método, o processo de supervisão leva de oito a dez meses (180 horas), sendo subdividido em três grandes etapas, descritas a seguir.

1. *Role-taking*: corresponde aos primeiros meses de supervisão, sendo associado à discussão grupal de conteúdos da revisão teórica. Nessa etapa inicial do aquecimento do papel de terapeuta, trabalhamos com jogos dramáticos, focalizando as ansiedades e expectativas envolvidas no encontro com o primeiro cliente. Utilizamos vivências sociopsicodramáticas tematizadas para a investigação do papel emergente de terapeuta, das ansiedades relativas ao encontro com o cliente imaginário e temido de cada um e ao encontro com o terapeuta imaginário internalizado de cada um etc. Analisamos as cenas míticas que o aluno mantém em relação à figura do terapeuta, ou seja, procuramos descobrir de onde surge o papel de terapeuta na história de vida de cada aluno. Nesse ponto, também discutimos aspectos técnicos, éticos e de postura, aprofundando-nos nos denominadores individuais e coletivos do papel de terapeuta. Utilizamos estratégias vivenciais, complementadas por técnicas expressivas, como a construção do "escudo" ou "emblema" do terapeuta internalizado por cada um, a construção de imagens / escul-

turas ligadas a esse papel etc. São experimentadas nesse estágio outras técnicas, tais como a projeção, no futuro, da primeira entrevista e a projeção de situações temidas a serem enfrentadas no *setting* terapêutico.

2. *Role-playing*: esse segundo momento surge quando o aluno já está atendendo clientes, e a supervisão se concentra no desempenho do papel em curso. Nas sessões grupais de supervisão, que acontecem semanalmente, o aluno relata suas impressões e dificuldades quanto ao atendimento do seu caso clínico, sendo que o supervisor propõe que o aluno assuma o papel do seu cliente e se comporte como ele durante a sessão. No *role-playing*, o aluno passa pela experiência de entrar no papel do seu cliente e depois inverte o papel com ele; apresenta o seu caso aos demais estudantes e investiga o modo como vivencia os dois papéis, descobrindo o caráter dinâmico da relação que estabelece com seu cliente e os aspectos transferenciais, télicos e contratransferenciais emergentes. Os demais estudantes atuam como egos-auxiliares no jogo de papéis, ora atuando no papel de terapeutas, ora no dos clientes, ora como membros do grupo. Nesse jogo são utilizadas as técnicas básicas do psicodrama, como o espelho, o duplo, o solilóquio e a entrevista no papel. Utiliza-se o método do *role-playing* com egos-auxiliares para a apresentação do cliente e a investigação da sua subjetividade, para descobrir linhas possíveis de trabalho, depósitos transferenciais e contratransferenciais, resistências na relação etc.

3. *Role-creating*: na terceira etapa do processo de supervisão chega-se ao *role-creating*, ou seja, à possibilidade de criação e recriação de um papel. De acordo com Calvente (2002, p. 113),

> isto se consegue quando o estudante se sente identificado com seu papel, pode representá-lo com espontaneidade e vivenciá-lo de modo integrado com o restante de sua pessoa, o que permite desempenhá-lo com estilo próprio e com uma quantidade cada vez menor de ansiedade e maior espontaneidade-criatividade.

O objetivo da supervisão é alcançar essa etapa, mas nem sempre os supervisionandos a alcançam no período restrito de aproximadamente dez meses que compõe a nossa experiência, pois cada um tem o seu ritmo e o seu tempo de crescimento, seu grau de espontaneidade-criatividade para aquele papel. Após dez meses de supervisão com esse método, o aluno responde a um questionário objetivo / subjetivo que o avaliará. Os resultados dessa pesquisa tem sido favoráveis e se mostrado úteis ao processo de constante aperfeiçoamento do método, comprovando a eficácia do *role-playing* na prática educativa do treinamento do papel de psicoterapeuta. Constatamos que a grande maioria dos alunos aprovou o uso específico do *role-playing*, afirmando que ele possibilitou a sensibilização referente às vicissitudes do papel de terapeuta, com o reconhecimento de sentimentos envolvidos na relação com o cliente e da interferência desses sentimentos no processo terapêutico. Embora muitos alunos se sintam apenas parcialmente preparados para desempenhar o papel de terapeuta ao final do estágio, todos declaram que o método utilizado contribuiu para a construção de seu estilo de trabalho, o desenvolvimento de sua sabedoria clínica e sua capacidade criativa no exercício do papel de psicoterapeuta.

Finalizando este capítulo, não podemos esquecer que, entre as diferentes funções do psicodramatista cujo trabalho tem foco socioeducacional, estão a utilização de instrumentos que visem possibilitar a percepção da complementaridade dos papéis e a compreensão do aspecto psicológico dentro do contexto pedagógico, e de ambos dentro do contexto social mais amplo, para que o indivíduo se reconheça no conjunto de suas relações sociais. Ele deve desenvolver ações educativas que combinem o sentir e o pensar, permitindo a manifestação criativa do ser. Seu trabalho, tanto com o sociodrama quanto com o *role-playing*, porém, tem objetivos e procedimentos definidos. E esses processos se inter-relacionam, pela ação e para a ação. O sociodrama visa preparar e fazer a leitura dos processos grupais, e o *role-playing*, desenvolver papéis, ambos possibilitando enxergar as redes de relações e ampliando a nossa visão (Datner, 1995).

Gostaríamos de afirmar aqui que não podemos reduzir o *role-playing* a um mero treinamento ou adestramento de papéis, pois são essenciais, na abordagem moreniana, a criação e a recriação de papéis, assim como novos modos de subjetivação pessoal e cultural. É igualmente importante lembrar que trabalhamos também com as emoções, o que não é privilégio do psicodrama clínico. As diversas modalidades emocionais acompanham os papéis profissionais nos contextos socioeducativos. Numa relação horizontal, compartilham-se medos, descobertas, alegrias, aspirações, afetos, conhecimentos, teorias, angústias, tudo que é indissociável do processo de aprendizagem e do papel profissional. No sociodrama e no *role-playing*, priorizam-se os aspectos sociais, mas sem perder de vista a dimensão individual. Apesar de ser eleito, no contrato com o grupo, um papel de cada vez a ser trabalhado, com objetivos específicos, ao iniciar-se o processo podem ser analisados os mais diferentes papéis (homem, mulher, pais, filhos), tendo como orientação as necessidades grupais e o *setting* social ou educacional em que estamos inscritos, sem fugir, todavia, ao contrato e à ética grupal. Pois, à medida que o grupo assume seus papéis e os questiona, diferenciando suas funções confusas, conflitantes e imprecisas, vai encontrando outros papéis que precisam de respostas criativas, o que pode criar novas demandas de trabalho, novos contratos.

Referências bibliográficas

CALVENTE, C. *O personagem na psicoterapia: articulações psicodramáticas*. São Paulo: Ágora, 2002.

DATNER, Y. (coord.). "Quem é ele, este tal de psicodrama aplicado?". *Revista Brasileira de Psicodrama*, São Paulo, v. 3, n. 1, 1995, p. 89-93.

FOX, J. *O essencial de Moreno: textos sobre psicodrama, terapia de grupo e espontaneidade*. Trad. Moysés Aguiar. Ágora: São Paulo, 2002.

KAUFMAN, A. *Teatro pedagógico: bastidores da iniciação médica*. São Paulo: Ágora, 1992.

KNOBEL, A. M. *Moreno em ato: a construção do psicodrama a partir das práticas*. São Paulo: Ágora, 2004.

MARRA, M. M. *O agente social que transforma: o sociodrama na organização de grupos*. São Paulo: Ágora, 2004.

MASCARENHAS, P.; PINTO, F. S.; CESARINO, A. C. M.; MEZHLER, A. "Psicodrama e sociodrama: saúde mental e/ou saúde social?". In: *Anais do VII Congresso Brasileiro de Psicodrama*. Rio de Janeiro: Febrap, 1990.

MENEGAZZO, C. M.; TOMASINI, M. A.; ZURETTI, M. M. *Dicionário de psicodrama e sociodrama*. Trad. Magda Lopes, Maria Carbajal e Vera Caputo. São Paulo: Ágora, 1995.

MONTEIRO, R. (org.). *Técnicas fundamentais de psicodrama*. São Paulo: Brasiliense, 1993.

MORENO, J. L. *Psicodrama: terapia de ação e princípios da prática*. São Paulo: Daimon, 2006.

NAFFAH NETO, A. *Psicodrama: descolonizando o imaginário: um ensaio sobre J. L. Moreno*. São Paulo: Brasiliense, 1979.

ROMAÑA, M. A. *Psicodrama pedagógico*. Campinas: Papirus, 1987.

VASSIMON, M. A.; PONTES, R. L. "O psicodrama não clínico – especificidades". In: *Anais do VII Congresso Brasileiro de Psicodrama*. Rio de Janeiro: Febrap, 1990.

WILLIAMS, A. *Supervisão visual ativa: foco, técnica e papéis*. Trad. Maria Sílvia Mourão Neto. São Paulo: Summus, 2001.

9. O TEATRO ESPONTÂNEO COMO INTERVENÇÃO SOCIOEDUCATIVA

Moysés Aguiar

> [...] a perfeição da função também faz parte do valor de uma obra de arte aplicada.
> Umberto Eco, 2007.

Uma das possibilidades de abordagem do teatro espontâneo é considerá-lo como uma modalidade de manifestação artística. Essa foi, aliás, a proposta inicial de Jacob Levy Moreno (1923), tido como o seu criador, no contexto das múltiplas crises que marcaram a virada do século XIX para o XX. Seria, segundo ele, uma alternativa para a revitalização das artes cênicas. A proposta tinha características revolucionárias para a época, incluindo não apenas o *impromptu* da dramaturgia e da encenação, da relação ator-personagem, como também uma nova concepção arquitetônica do próprio *locus* teatral.

O radicalismo era marcante, pois buscava-se atingir o âmago do artista, remexendo suas entranhas, denunciando conflitos pessoais estrategicamente camuflados, às vezes nem sequer suspeitados, na bem comportada conformação da arte erudita contemporânea. O desafio era abandonar o texto elaborado por um dramaturgo ausente e distante e mostrar a vida real, deixar cair a máscara do personagem fictício e revelar a verdade do ator. Assim, a descoberta do seu potencial terapêutico seria inevitavelmente o próximo passo.

Foi esse passo que abriu as portas para um mundo novo, o psicodrama. Configurou-se uma potente instrumentação do ainda imaturo teatro da espontaneidade para um objetivo que extrapolava o âmbito artístico, ou seja, proporcionar ajuda aos portadores de sofrimentos, desconfortos e inadequações no plano das emoções, do comportamento, das relações inter-humanas, da atuação na vida real.

A riqueza do psicodrama ofuscou, durante décadas, o teatro que lhe deu origem. A tal ponto que o teatro espontâneo passou a ser considerado apenas uma das técnicas do psicodrama, utilizada em situações de menor compromisso terapêutico, quase como uma alternativa inconseqüente.

A redescoberta do teatro espontâneo, entretanto, vem acontecendo há cerca de duas ou três décadas. Simultaneamente, em várias partes do mundo, em espaços muito diversos, a improvisação teatral vem sendo testada como um campo estético que, se não consegue vencer a barreira da hegemonia do teatro dito convencional, cada vez mais vai encontrando seu lugar.

Curiosamente, mais uma vez se apresenta como ferramenta para finalidades outras que não a arte em si. Por um lado, isso tem a ver com uma indomável vocação de levar às últimas conseqüências o próprio espírito da arte – o que discutiremos logo mais. Por outro, denuncia o pragmatismo ideológico que impregna o nosso tempo, expresso com incrível freqüência na pergunta que sempre se faz: "E para que serve o teatro espontâneo?", outro aspecto que não pode deixar de ser discutido aqui.

A experimentação não orquestrada vem permitindo que o teatro espontâneo se apresente sob os mais variados formatos. Assim, o mais correto seria falar de teatros espontâneos, no plural, para designar essa multiplicidade. Nestas considerações, contudo, procurarei manter o singular para nomear um campo onde circulam essas várias modalidades, buscando refletir sobre pontos comuns, tanto quanto possível, mas sempre respeitando e aplaudindo a diversidade.

A ARTE COMO PRODUÇÃO DE CONHECIMENTO

A tradição ocidental, especialmente depois da Revolução Burguesa, tem tido como um de seus motes a afirmação de que o único conhecimento válido é aquele obtido por meio do método científico. Afunilando a regra, a concepção hegemônica de ciência é o paradigma positivista.

No campo das ciências, porém, temos verificado, nos últimos tempos, uma reviravolta significativa, a partir do momento em que, dentro da ciência-modelo, a física, alguns cientistas viraram a mesa e demonstraram que o cartesianismo é insuficiente para a investigação de determinadas áreas da realidade, especialmente no que se refere aos micro e macrofenômenos, ao comportamento humano, aos eventos caóticos, à complexidade, enfim.

O próprio cânone da quantificação vem sendo pouco a pouco superado, mesmo no interior dos castelos medievais das mais poderosas e influentes academias. A investigação qualitativa, assim como outras propostas originais de produção do conhecimento, tende a ser acolhida, reconhecida e valorizada. É dentro desse contexto, por exemplo, que os psicodramistas[1] vêm levantando a bandeira do potencial científico de sua prática e, ao mesmo tempo, tratando de formalizar o método e organizar-se para tomar posse da parte que lhe cabe nesse latifúndio.

O debate em torno das questões epistemológicas, porém, favorece a verificação de outras formas de produção do conhecimento que não a ciência experimental.

Comecemos pela terapêutica, área que dominamos bem, porque nela militamos. Ela tem uma interface significativa com a ciência, visto que se propõe disponibilizar aos que buscam ajuda a aplicação de conhecimentos científicos.

Os profissionais sérios, sinceramente comprometidos com esse objetivo, deparam, entretanto, qualquer que seja sua linha de atuação, com verdadeiros buracos negros, situações indecifráveis, perguntas irrespondíveis, soluções não prescritas e não prescritíveis.

1. O termo "psicodramatista", de uso vulgarizado entre nós, não integra nosso vernáculo. Daí minha preferência pela forma que seria, em tese, mais correta: *psicodramista*. Pelo menos é a que consta dos dicionários.

143

Situações bem-sucedidas podem transformar-se em bons casos para os congressos científicos, inscrevendo nossa atuação naquele plano. No entanto, sabemos que à medida que praticamos nosso ofício vamos acumulando, individualmente, uma sabedoria singular, situada entre o empírico e o intuitivo, nem sempre consistentemente descritível ou transmissível.

Podemos, inclusive, arriscar-nos a dizer que a competência terapêutica tem suas raízes muito mais nesse terreno movediço do que propriamente no domínio do saber consagrado. Isso porque encontramos, com insistente freqüência, profissionais os quais se caracterizam como poços de conhecimentos formais e que, na prática, não alcançam o padrão de eficiência de outros que, não tão bem informados, adquirem no contato com a realidade um discernimento quase inexplicável.

No plano da terapêutica psicológica esse fato é especialmente marcante. De forma extrema, poderíamos dizer que o que conta para o sucesso da empreitada é a relação que se estabelece entre terapeuta e cliente. O aparato técnico-científico, tão celebrado em prosa e verso, acaba sendo mero continente, em um ritual que, como nos procedimentos mágicos, condiciona e sustenta uma experiência que impacta e transforma a realidade, cujos efeitos, contudo, não são convincentemente explicáveis.

A teorização sobre esses resultados corre sempre o risco de tentar explicar pelo que está sendo explicado, um exercício lógico cuja inconsistência é presa fácil dos desconstrucionistas. O que, felizmente, não significa que essa prática não produza conhecimentos, que não podem ser desqualificados.

A religião é outro exemplo de produção não científica de conhecimentos. Ao longo de toda a história da humanidade, um acervo cognitivo vem sendo acumulado, com base na experiência mística.

O homem intui, de alguma maneira, que o seu mundo sensível é apenas um grão de areia dentro de um universo cuja magnitude escapa aos seus sentidos. Se por um lado isso lhe aguça a curiosidade científica, levando-o a construir instrumentos de investigação que se têm revelado potentes e eficazes, por outro lado mobiliza a procura de outras formas de contato com essa misteriosa amplitude.

Mesmo que os arautos da ciência oficial vociferem contra os resultados dessa pesquisa, ela continua válida; porém é necessário salientar que sua sistematização peca, já de início, pela tentativa de aprisionar o infinito em formas finitas, de explicitar o inefável. Ou seja, toda vez que se tenta formular teorias explicativas sobre a experiência religiosa, conformá-la logicamente, organizá-la, classificá-la, normatizá-la, ela fica de tal forma apequenada que se descaracteriza por completo. Sua pseudocientificidade salta aos olhos.

O curioso é, entretanto, que esse universo de conhecimento, incompreensível para quem não passou pela experiência única que o produziu, é plenamente reconhecido e transitável, fazendo muito sentido para aqueles que o vivenciaram.

Mais do que isso até. Esse corpo de conhecimentos assim tão estranho tem um tal poder de estruturar a vida humana que chega até mesmo a superar, em alguns aspectos, o poder da ciência. Seu alcance atinge o ponto de sua possível manipulação em favor dos esquemas de opressão social: a religião como ópio do povo, como ferramenta para manutenção do *statu quo*.

Na verdade, o homem sobrevive por uma sabedoria instintiva que o leva ao aprendizado da convivência com formas de conhecimento pelo menos aparentemente divergentes – uma martelada no cravo, outra na ferradura. Em vários momentos e situações, vive a perplexidade dos inevitáveis conflitos entre saberes. Angustia-se. Mas de alguma forma os supera, ainda que ocasionalmente pelo caminho da loucura.

E de onde vem o estereótipo do cientista louco? Talvez tenha a mesma origem de outro similar, o do artista como alguém excêntrico.

Com efeito, falemos agora da arte como produtora de conhecimentos.

O artista se mete, com sua sensibilidade, nos desvãos do mundo real, inacessíveis aos instrumentos e rituais da ciência, da terapêutica e da religião. Captura fenômenos que de outra forma permaneceriam desconhecidos e faz deles a matéria-prima de sua criação. É a sua maneira de chamar a atenção para algo que não é necessariamente desconhecido, mas que pode passar despercebido.

O artista é um iluminador, que direciona o foco para determinado ponto, deixando na penumbra a realidade circundante. Sem negá-la, sem desvirtuá-la, sem decompô-la, sem violentá-la: apenas fazendo um destaque, para promover a comunicação entre sensibilidades, a sua e a do seu "intersensor". É por isso, e não por mera vaidade, que o artista encontra no ato de mostrar sua produção seu momento de glória.

A ARTE COMO TRANSFORMAÇÃO

Todo conhecimento, uma vez produzido, é transformador.

A realidade é o que percebemos. O conhecimento é um fenômeno perceptual. Se alguma coisa muda no modo como a percebemos – e um novo conhecimento é, nesse sentido, uma mudança –, a realidade deixa de ser aquela que era antes para ser uma coisa nova. Daí que nenhum conhecimento se conforma e se incorpora impunemente.

Nessa perspectiva, toda busca do saber se caracterizaria como uma espécie de pesquisa-ação, ao transformar a realidade no próprio ato de investigá-la. Isso quando não é a própria transformação a fonte do conhecimento. Ou seu conteúdo.

Tomemos a arte como nosso foco, como via de acesso ao conhecimento, deixando sob luz tênue os outros caminhos. É possível que tenhamos de vê-los novamente, em algum momento.

O que motiva a arte?

Nossa vida é estruturada em função de rituais sociais, que nos atribuem participação na produção dos bens coletivos, conquista do direito de usufruir esses bens, luta por garantir e ampliar esse direito. Seja para torná-lo mais justo, seja para assegurar-nos uma posição contextualmente mais confortável.

Essa estrutura de vida não chega a ser necessariamente uma escolha, senão praticamente uma imposição: não aderir significa ter de pagar um preço tão alto que na maior parte das vezes nem sequer cogitamos essa alternativa.

Quase esmagados pelo peso e pela pressão dessas forças, tratamos de atender, ao mesmo tempo, nossas necessidades básicas de sobrevivência: alimentação, repouso, *habitat*, segurança, sexo, reprodução, maternagem/paternagem, afeto, saúde e assim por diante. Na base de tudo isso, desejos vitais potentes e determinantes. Forças em permanente embate, gerando desconfortos nas mais variadas intensidades.

Mergulhada nesse turbilhão, nossa sensibilidade nos faz curiosos, uma curiosidade diferente daquela que nos leva a formular perguntas científicas, terapêuticas ou religiosas. Diferente porque ela nos incita a *fazer* coisas: dançar, escrever, contar e/ou inventar histórias, criar poesias, pintar, desenhar, fazer humor, esculpir, construir objetos, instalações, cantar, criar ou executar músicas e sons, produzir filmes e por aí vamos, no praticamente infinito universo da arte.

A outra face da mesma moeda é a busca pelo usufruto desses "objetos" de arte, para estabelecer com eles uma relação que nos alimente, por identificação, pelo impacto que nos produz, por vicariato.

O gozo estético é o indicador mais preciso da plenitude do acesso ao "saber" (vale aqui o duplo sentido da palavra) que se almeja. No ato de produzir / desfrutar. Na contemplação do produto. Na convicção intuitiva de que se captou e se expressou aquele recôndito fragmento da realidade. Este se impôs como forma, sujeitando o sujeito, que por sua vez a sujeita.

Vale ressaltar que a arte não é um privilégio dos gênios; ela faz parte do cotidiano da vida humana. Em qualquer lugar em que estejam as pessoas, civilizadas ou primitivas, pobres ou ricas, letradas ou iletradas, encontramos indícios dessa busca estética, formas até mesmo singelas ou heterodoxas, nobres ou *kitsch*, porém vitais: um ornamento no *habitat* ou no próprio corpo, uma canção cantarolada, uma frase de efeito, um rito simbólico...

Ao relacionar algumas das mais evidentes manifestações artísticas, deixei propositadamente de fora, para um destaque posterior, o teatro, a arte abrangente, que pode englobar e sintetizar praticamente todas as outras, a serviço do contar histórias. Não apenas verbal, porém cenicamente. Dizer cenicamente é pouco, porque a cena enfeixa um conjunto de linguagens que extrapola a pálida idéia que o termo inicialmente proporciona.

E, mais especificamente, o teatro espontâneo, formato que privilegia a improvisação e a construção coletiva e constitui-se numa ferramenta poderosa de auto-investigação para as pessoas e comunidades que o praticam.

Ao contar histórias pinçadas da vida cotidiana ou inventar metáforas dessa mesma vida, sob a forma de enredos ficcionais, os sujeitos acessam, fazendo uso da intuição artística, conteúdos vitais significativos, dificilmente alcançáveis por outra via. Uma experiência singular de construção coletiva do conhecimento pela arte.

O impacto do novo saber sobre a vida das pessoas varia muito. Nem sempre é facilmente detectável. Depende de uma infinidade de fatores, inscritos na complexidade não apenas da vida humana mas de todo o planeta. Usando essa perspectiva da complexidade, podemos levantar a hipótese de que um encadeamento multidirecional invisível implica que a mais insignificante produção artística pode ter conseqüências inimagináveis.

A ARTE COMO INTERVENÇÃO

A idéia de intervenção está associada à introdução deliberada de um fato novo, capaz de alterar o curso dos acontecimentos, sejam estes de ordem física, psicológica, cultural, social etc. Existindo uma pretensão de provocar mudanças, o estímulo à produção artística pode constituir uma alternativa.

Em princípio, a arte pela arte se funda no mero desejo de criar, de expressar algo, na busca do gozo estético. Se desencadear mudanças, isso será mera decorrência. Nem sempre elas estão nos planos do artista.

É verdade que a história nos traz inúmeros exemplos de arte engajada, ou seja, de arte colocada a serviço de algum objetivo, supostamente nobre, por iniciativa do próprio artista ou do mecenas. Vista como virtual produtora de conhecimentos, o ponto de partida da arte não seria tão ingênuo como no caso da arte "pura". Embora o saber também possa ser tomado como um fim em si mesmo, é mais comum que sua busca encerre um caráter teleológico, utilitário, adaptativo. Torna-se, assim, um ingrediente da luta pela sobrevivência. Esse aspecto, aliás, parece ser válido para qualquer das modalidades de produção do saber, além da arte.

Como a produção de conhecimentos é potencialmente transformadora, sempre que se pretende provocar algum tipo de mudança, uma de suas ferramentas pode ser acionada. Quando se convoca a arte, o pressuposto é que a atividade artística pode induzir a algum tipo de transformação.

De fato, como vimos, isso é possível, colocando-nos dessa forma diante de outro campo de reflexão, que é o da arte aplicada, a arte como instrumental para indução de mudanças.

Faz parte do paradigma das ciências o conceito de que o estudo de dado fenômeno deve levar ao estabelecimento de previsões quanto à sua ocorrência. Assim, dominado o conhecimento, é possível gerar fatos que conduzam a determinadas consequências, previsíveis e desejáveis. A tecnologia contemporânea representa a melhor comprovação dessa tese, pelo menos no que diz respeito aos resultados mais imediatos.

É fato que a natureza sempre cria alternativas aos obstáculos que se lhe colocam, mas, segundo o pensamento científico, as conseqüências mediatas só não são igualmente previsíveis porque ainda não se avançou suficientemente na sua investigação: conhecê-las é mera questão de tempo.

Embora essa crença venha sendo severamente questionada, isso não tem impedido que se planejem intervenções sob o manto da aceitação dos riscos de médio ou longo prazo desde que haja segurança

149

em relação aos resultados a curto prazo (curto, médio ou longo, aqui, têm um caráter necessariamente relativo).

Cada campo do conhecimento tem suas peculiaridades no tocante a esse quesito. Apenas de passagem pode-se mencionar que a previsibilidade no âmbito da religião é uma aposta que, sob o olhar crítico da ciência, é um pulo no escuro.

Nas terapias psicológicas, por sua vez, a tradição recomenda não garantir nenhum resultado específico, ainda que no íntimo ambas as partes – profissional e cliente – façam seus palpites, com menos certeza que as previsões científicas e talvez um pouco mais que as religiosas.

Uma das características do saber artístico é que ele não é tão suscetível no que diz respeito a ser utilizado para produzir resultados planejáveis, como deve acontecer com o saber científico.

No plano da arte, qualquer vaticínio traz a marca da precariedade: é impossível fazer previsões. Em princípio, isso poderia ser considerado uma vantagem, porque, do ponto de vista estético, ela ficaria imune à possibilidade de ser utilizada como forma de manipulação. A história, entretanto, nos brinda com vários exemplos de tentativas de influenciar, por meio das artes, os rumos da coletividade. Alguns exemplos: a chamada "arte nazista", a arte religiosa da Idade Média e, até mesmo, mais recentemente, algumas formas de "arte popular" mostrada como indutora de "conscientização".

Deparamos aqui com questões profundas de uma metaestética, ou uma estética da estética, que alguns chamam de ética.

Em todo caso, criar situações que visem ao desenvolvimento da sensibilidade e da expressividade artísticas pode ser um bom desiderato, sem nenhuma garantia, porém, de quanto pode ser alcançado e, muito menos, do que se poderá conseguir com esse potencial efetivamente disponibilizado.

O TEATRO ESPONTÂNEO COMO ARTE APLICADA

Tem-se proposto o teatro espontâneo em várias situações que poderiam ser, em termos genéricos, caracterizadas como de crise social. Momentos cruciais na vida política, descompensações sociais iminentes ou em curso, impasses éticos, crises comportamentais, interações doentias, são temas e motivos para o teatro espontâneo. Situações menos críticas, porém relevantes para as comunidades, pedem uma ação integradora, caracterizando outra ocasião propícia ao uso do teatro espontâneo.

Em todos esses momentos, ao contar suas experiências de vida e encenar suas histórias, os participantes deixam entrever seus conflitos, seus dilemas, seus valores, seus anelos, suas crises. A atuação coletiva em busca de uma solução inovadora no plano metafórico constitui uma importante experimentação no plano concreto, um teste das possibilidades de enfrentamento conjunto dos temas de interesse comum.

O teatro espontâneo, como modalidade artística, da mesma maneira que todas as demais modalidades, não precisaria ter uma finalidade outra que não o prazer inerente à busca de um canal para expressar aquilo que a sensibilidade identifica, para fazer ouvir uma voz que não quer calar.

A verdade, porém, é que, na prática, seria um desperdício o não aproveitamento do seu potencial transformador, esteticamente protegido por suas características intrínsecas.

A maior testemunha histórica desse fato é o psicodrama, como teatro espontâneo aplicado à solução de conflitos e impasses psicológicos. A encenação dos dramas pessoais favorece a liberação da espontaneidade e abre as portas para a criatividade. Em tese, nem sequer seria necessário que a produção artística se complementasse com os aportes da psicologia, da psicanálise e das diversas tradições psicoterápicas. Um século de experiência mostra que há vantagens nesses acréscimos, embora relativas, podendo tornar-se desvantagens sempre que eles ganham supremacia em detrimento da exploração mais exaustiva do potencial artístico.

No plano social, esse potencial vem sendo aproveitado cada vez mais, com o trabalho com grupos e comunidades, nas mais diferentes situações. A rigor, onde quer que haja um grupo cabe um teatro espontâneo, no mínimo para promover a própria grupalidade, para potencializar seus objetivos. Tudo depende das intenções com que é proposto.

Como já mencionei, há um risco, por exemplo, de transformá-lo em instrumento de proselitismo. Em meu livro *Teatro espontâneo e psicodrama* (Aguiar, 1999), discuto uma experiência inolvidável em que, sob o nome de "bibliodrama", se tentou utilizar o teatro espontâneo como doutrinação religiosa.

As considerações estéticas que faço ali se aplicam e caem como uma luva à questão do teatro político: sob essa ótica, seria pertinente uma reflexão mais profunda sobre as propostas de Brecht (1979) e Boal (2005), que, de alguma maneira, incluem em suas obras alguns elementos do teatro espontâneo, justamente como estratégia de promoção política, com base em alguns pressupostos e objetivos claramente assumidos.

É bem verdade que a forma como se utiliza uma ferramenta tem a ver com o modo de pensar de quem a toma nas mãos. Assim, é impossível fazer assepsia ideológica, o que, entretanto, não nos exime de refletir sobre suas implicações.

A ética / estética social do teatro espontâneo é a da solidariedade, entendida não como filantropia nem como altruísmo, mas como co-responsabilidade: estamos todos no mesmo barco; se o barco afundar morremos todos. Assim, estabelece-se, de início, uma horizontalidade das relações. Não há uma hierarquia, seja ela do saber, do descortino ou do poder.

Assim, o teatro espontâneo, ainda que encarado como ferramenta de intervenção, como arte aplicada, permanece mais próximo de suas características como arte. A idéia é a de vivermos junto com nossos sujeitos uma experiência de co-criação. O fato de possuirmos uma técnica apenas fala da especificidade de nossa contribuição para esse processo que nos envolve a todos, não implicando nenhuma verticalidade. O poder de coordenação é mero instrumento pontual de facilitação e não de domínio.

Há efeitos desejados: a integração grupal e comunitária, a ampliação da solidariedade, a instituição da grande tele coletiva, a liberação da espontaneidade-criatividade e o conseqüente prazer de criar, a descoberta de novas possibilidades de fazer coisas coletivas e de construir o conhecimento como bem coletivo e não individual.

O afrouxamento dos nós da trama social e o ganho em liberdade de movimentação não representam nenhuma garantia de que o processo social tomará esse ou aquele rumo, não podendo ser previamente estabelecido. É uma opção de risco e de confiança.

Com efeito, o teatro espontâneo é uma aposta na capacidade humana de se auto-regular e se autodeterminar, com o fio condutor da emoção. Nesse caso, as responsabilidades ficam distribuídas entre todos, não havendo necessidade de que nós, que propomos a intervenção, as assumamos no lugar dos demais sujeitos (sujeitos somos nós, também).

Não é esse um dos eixos do conceito de cidadania?

O POTENCIAL EDUCATIVO

As considerações anteriores se aplicam e deixam entrever peculiaridades da contribuição do teatro espontâneo ao processo educacional.

Vale esclarecer, desde já, que a concepção subjacente de educação não se limita ao papel e à missão das instituições escolares. A educação ocorre no cotidiano e é influenciada por praticamente todos os integrantes do complexo social. Os especialistas em educação são aqueles que se encarregam de refletir sobre esse aspecto da vida coletiva, mas não são necessariamente os únicos educadores: educadores somos todos nós.

O sentido desse pressuposto reside no fato de que não existe no processo educativo o unidirecional, característica por muito tempo considerada intrínseca a ele. A etimologia do termo *educar*, que remete à ação de "levar para fora", supõe um deslocamento, uma direção predeterminada, além de um condutor e um conduzido.

No entanto, a relação ensinar-aprender é compreendida hoje – não apenas retoricamente – como uma via de mão dupla (o que ensina aprende; o que aprende ensina); não existe uma transmissão de conhecimentos, mas uma construção conjunta do saber, à qual cada um dos parceiros traz a sua contribuição e cujo produto final não coincide com o conteúdo que constava das fichas de aula dos professores tradicionais.

É curioso que, mesmo no teatro convencional, a idéia prevalente durante séculos de que o palco (dramaturgo-diretor-equipe-atores) contava uma história para o público venha sendo substituída pela convicção de que o palco *responde* ao público, estabelecendo com ele um diálogo, com mensagens que vão e voltam, em ambas as direções.

Essa é a postura básica do teatro espontâneo, em que se constrói coletivamente o espetáculo e cada parte contribui com o que tem e pode, dando o melhor de si e potencializando sua relação com os parceiros.

Como vimos, nesse fazer artístico se produz um conhecimento que não pertence a um ou outro indivíduo, mas a toda a grupalidade. Ou seja, temos aqui uma situação tipicamente educativa.

Tratando-se de processo educativo, vale a célebre postulação de McLuhan de que "o meio é a mensagem" (Kappelman, 2001), ou seja, o que mais se aprende é a própria maneira de fazer as coisas, são as relações que estabelecem os valores que se praticam.

Um dos objetivos educacionais que tem sido defendido é a construção da autonomia. Essa postura rompe com a tradição do processo educativo como estratégia de reprodução e, conseqüentemente, de conservação. O que importa é que o sujeito desenvolva sua capacidade de buscar aquilo de que precisa, respondendo pelo que encontra e criando soluções originais, ainda que se valha à exaustão dos recursos existentes e disponíveis.

É o que se faz no teatro espontâneo: não se aprisiona o sujeito; antes, facilita-se seu desencarceramento. A experiência de construção coletiva abre-lhe os horizontes: ele pode "ir para fora" por conta própria, sem que ninguém o conduza. A direção, no teatro espontâneo, é um processo de facilitação e não o exercício de um poder pelo poder, e não está a serviço de nenhum outro poder.

Essa concepção mais abrangente do processo educativo implica uma ampliação crescente do número de atores nele envolvidos. A instituição escolar, que antes era vista basicamente como uma estrutura bipolar (professor-aluno), hoje é tida como um complexo multipolar, que envolve direção, funcionários, pais e familiares, a comunidade adjacente e todas as ramificações de cada uma dessas instâncias.

Como ferramenta para promover essa integração não somente entre as pessoas mas também entre os conteúdos educativos, o teatro espontâneo vem se mostrando excelente. Por meio dele todos esses atores podem manifestar-se e viver a experiência da co-construção, ingrediente indispensável a todo o processo.

A instituição escolar é aqui paradigmática. O mesmo raciocínio se aplica às empresas (como comunidades de aprendizagem), aos órgãos governamentais, às entidades profissionais, às organizações da sociedade civil, a todas as instituições que fazem a mediação do coletivo.

Indo um pouco mais além, nas concepções educativas contemporâneas ganha lugar privilegiado o desenvolvimento de atitudes, como eixo sem o qual perdem o sentido as aquisições de informações e de habilidades, os outros dois ramos desse tripé.

Para o desenvolvimento de atitudes é fundamental a vivência compreensiva das relações humanas, com todos os sentimentos e emoções que produzem e pelos quais são movidas (a antiga metáfora alquimista do moto-perpétuo).

Aqui, novamente, o teatro espontâneo como intervenção encontra seu lugar, garantindo expressão livre, propiciando canais adequados para isso e demonstrando, na prática, a importância de que a vida comunitária seja fundamentada em procedimentos solidários.

CONCLUSÃO

O teatro espontâneo é uma intervenção estética que, como toda arte, possui uma estrutura que garante o indispensável respaldo às incursões criativas.

Houve um tempo em que se considerava o teatro espontâneo como algo organizado de forma precária, em que basicamente cada um fazia o que queria. Um equívoco, tendo em vista tudo de que reiteradamente já nos havia advertido Moreno, ao discutir o conceito de espontaneidade.

Os ganhos acumulados ao longo dessas poucas décadas de experiência, graças à sua difusão territorial e diversidade de propostas, permitem, hoje, encará-lo como um instrumento bastante potente. Sólido e flexível ao mesmo tempo.

De forma paradoxal, sua potência reside exatamente na não garantia de resultados específicos, assegurando, porém, a ampliação do leque de sentidos e de alternativas práticas, além de um potencial aumento da autonomia e da capacidade de atuar em equipe.

Teatrólogos, terapeutas, cidadãos, educadores: tanto mais potentes seremos quanto mais assumirmos nossa condição de artistas. Sensíveis, apaixonados, criativos.

Arte aplicada não significa necessariamente arte "utilitária". E continua sendo arte.

Referências bibliográficas

AGUIAR, M. *Teatro espontâneo e psicodrama*. São Paulo: Ágora, 1999.
BOAL, A. *Teatro do oprimido*. Rio de Janeiro: Civilização Brasileira, 2005.
BRECHT, B. *Écrits sur le théâtre*. Paris: L'Arche, 1979.
ECO, U. *Quase a mesma coisa: experiências de tradução*. Trad. Eliana Aguiar. Rio de Janeiro: Record, 2007.
KAPPELMAN, T. "Marshall McLuhan: The medium is the message. Probe Ministries, 2001. Disponível em: <www.leaderu.com/orgs/probe/docs/mcluhan.html>. Acesso em: 13 dez. 2007.
MORENO, J. L. *Das Stegreiftheater*. Berlim: Kiepenheuer Verlag, 1923.

10. A SOCIOMETRIA NA PRÁTICA INTERVENTIVA SOCIOEDUCATIVA: A TEORIA ESPONTÂNEA DO APRENDIZADO

MARLENE MAGNABOSCO MARRA

A proposta das práticas socioeducativas, utilizando a metodologia sociopsicodramática, enfatiza a importância do encontro dos saberes locais para a construção do saber coletivo. A experimentação permanente e o movimento de integração contínua entre diferentes indivíduos diante de uma tarefa comum a ser cumprida não só abrem caminhos para uma atuação efetiva mas também permitem conhecer o funcionamento do grupo. O conhecimento, que é construído em comum com os pares nas mais diferentes formas de intervenção, na multiplicação da experiência e no compromisso social, promove a emancipação social e amplia a identidade cultural e política dos cidadãos.

"No princípio era o grupo, no fim o indivíduo" (Moreno, 1972, p. 93). Todas as concepções apresentadas são relevantes para a compreensão do aspecto democratizante do método sociopsicodramático, que imprime a igualdade de oportunidades na interação entre todos do grupo e é pólo da promoção e reorganização da realidade social. As intervenções socioeducativas evidenciam que a aprendizagem de novos conceitos, idéias, posturas faz que atitudes dos participantes diante da vida sejam modificadas, acrescidas e transformadas. Segundo Paulo Freire (1999), a educação é uma forma de intervenção no mundo.

Trataremos aqui de discutir o que vai transcorrendo na interação grupal para além do tema estudado, paralelamente à prática de educar ou à construção do conhecimento. A fermentação de diferentes modos de interagir, os estados de espontaneidade (sensações, sentimentos, percepções, pensamentos de uns em relação aos outros), as escolhas, no que concerne às pessoas, aos temas e aos modos de aprendizagem, que implicam afeto e desafeto, ou melhor, atração, repulsa e indiferença constituem o processo social, objeto da investigação sociométrica que promoveremos neste capítulo. As relações que os componentes de um grupo vivenciam explicitamente ou implicitamente com os pares entre si, do grupo com o tema a ser conhecido, do grupo com o coordenador (educador), sendo todos investigados e investigadores, ampliam ou diminuem a disponibilidade para o aprendizado, modificando sobremaneira o processo de aprendizagem.

A investigação sociométrica nas coletividades e o sociodrama nas situações experimentais tiveram como projeto deliberado levar os sujeitos a um estado experiencial. Sensibilizá-los para a realização de suas experiências vividas e as que desejam viver. Nesse estado de espontaneidade, as pessoas são capazes de ajudar-se e ajudar-nos a descobrir a trama das redes sociais, nas quais se movem e também compreendem as situações vividas e suas implicações (Moreno, 1992).

A movimentação espontânea dos atores sociais em seus átomos sociais (que se refere ao núcleo de relações estabelecidas em torno de cada indivíduo – Moreno, 1972) visa à produção de subsídios para a compreensão dos processos interativos. A dimensão interativa que acompanha o tema a ser conhecido e que, a princípio, se torna o critério que reúne essas pessoas possibilita o entendimento das relações interpessoais e a ressonância desse modo de funcionamento em todas as intersecções do sistema (Marra, 2003).

Na sociometria, os sistemas sociais são sistemas de atração-repulsa-neutralidade. O estudo do sistema sociométrico encontra-se intimamente relacionado com uma ordem axionormativa do cosmo, com a gênese do psicodrama, tendo os encontros nos jardins de Viena como primeiro veículo, com a gênese da espontaneidade e da psicoterapia de grupo. Nesse sentido, os conceitos de indivíduo, grupo, comunidade, coletividade são fundamentais para a sociometria. A compreensão do Universo (Deus) e de seu funcionamento esta contida nessa criação, e seus conceitos básicos relacionados ao cosmo são átomo social, rede sociométrica, tele, proximidade espacial e temporal.

A hipótese da proximidade espacial revela que "quanto mais próximo no espaço dois indivíduos estão entre si, mais devem um ao outro sua atenção imediata e aceitação, seu primeiro amor". Já a proximidade temporal nos mostra "que a seqüência da proximidade no tempo estabelece ordem precisa de atenção e veneração de acordo com o imperativo temporal. O aqui e agora demanda ajuda em primeiro lugar, o que está anterior ou posterior em tempo ao aqui e agora requer ajuda em seguida" (Moreno, 1992, p. 27-8).

Portanto, a metodologia sociopsicodramática aplicada às intervenções socioeducativas possibilita, além de uma aprendizagem, focar a complexidade relacional dos grupos, a singularidade dos sujeitos, suas configurações afetivas e suas redes de comunicação (redes sociométricas são cadeias complexas de interação dos átomos sociais – Moreno, 1972). Essa metodologia de intervenção e pesquisa orienta o trabalho desde a fase exploratória, passando pelo diagnóstico e pela construção do conhecimento, até o tratamento.

SISTEMA SOCIOMÉTRICO: CIÊNCIA DA ORGANIZAÇÃO GRUPAL

Moreno (1992) partiu do princípio de que a espécie humana era uma unidade social e orgânica, isso é, com vida própria e interdependente. As relações existentes entre as diferentes partes podem revelar uma ordem de relacionamento tão altamente diferenciada quanto qualquer ordem encontrada no resto do universo.

O que constituiu a originalidade da sociometria é que, além de ser um "estudo matemático das propriedades psicológicas" e o termo significar "medição social" (Moreno, 1992, p. 35), trata-se de uma ferramenta para compreensão das relações no seu aspecto qualitativo, do trânsito dos sócios, de sua espontaneidade, seus elementos criativos, sua ligação com o momento e sua integração em configurações concretas. A sociometria possibilita uma nova ordem cultural espontâneo-criativa. O autor, ao propor esse método, nos possibilitou observar a estrutura social na sua totalidade com base no estudo de pequenas estruturas sociais (átomos), considerando o efeito de algumas partes sobre as outras, a posição concreta de cada indivíduo nessa estrutura e o núcleo de relações em torno de todos os indivíduos – mais "espesso" ao redor de uns e mais "fino" ao redor de outros.

O experimento sociométrico é um método de ação, uma prática de ação. O pesquisador sociométrico assume a posição de "ator participante", e o grupo de *status nascendi*. É fundamental examinar a estrutura grupal em processo, o funcionamento do grupo ou sistema em determinada situação. Os participantes do grupo criam situações que são instrumentos de investigação da própria realidade em que estão inseridos. A sociometria, ciência da ação, começa com dois verbos – ser e criar – e com três substantivos – ator, espontaneidade e criatividade. É uma ciência do coletivo, de uma interação co-produzida, co-experienciada, encerrando o momento, o aqui e agora.

Destacamos duas falas importantes e pertinentes para o início deste estudo. A primeira vem do mestre maior Jacob Levy Moreno:

> Podemos agora começar a trabalhar por uma grande justiça psico-sócio-econômica e podemos começar a organizar grupos reais, de forma que a produtividade possa progredir e considerar cada um segundo suas necessidades [...]. Os métodos sociométricos aumentam a produtividade do trabalho do grupo, da equipe e do coletivo, em qualidade e economia de tempo, de material, de trabalho [...]. A sociometria melhora as relações interpessoais entre trabalhadores, eleva a moral do coletivo. (1992, p. 126)

A segunda fala é de Dalmiro Bustos (1979, p. 12):

> Os testes sociométricos mostram de maneira precisa e dramática que cada grupo tem sob sua estrutura manifesta, visível e tangível uma estrutura subjacente, não oficial, invisível e inatingível, porém, é mais vívida, real e dinâmica do que a outra.

Segundo Moreno (1992), o início oficial do movimento sociométrico ocorreu entre 3 e 5 de abril de 1933, pois, como ele mesmo coloca, esse momento conduziu ao clímax o período de latência de suas idéias. Porém, todos nós sabemos que o início do movimento sociométrico deu-se na "brincadeira de ser Deus". Nessa época, Moreno não havia ainda organizado sua teoria e metodologia. O termo *sociometria* (utilizado aqui como um conceito generalizado) contém toda a teoria moreniana, cujo eixo principal é a "ação" dos participantes do grupo, a relação que vai se estabelecendo entre eles pelo movimento (dinâmica) grupal. Devemos partir dessa interação para que haja qualquer compreensão filosófica teórico-metodológica.

Sociometria ou sistema sociométrico foram as denominações que mais se firmaram em relação ao que Moreno queria como conceito mais geral, abarcando o desenvolvimento, a estrutura, a dinâmica, as transformações, a organização dos grupos e a posição dos indivíduos neles. Mais tarde, ao consolidar sua teoria, denominou-a de socionomia, vista como uma unidade em que um conceito relaciona-se com outro e todos com um (Fonseca, 2000). Sua obra tem como fundamento a inseparabilidade entre teoria e experiência, justamente por conter um enfoque relacional, construto filosófico que revela e significa as reciprocidades entre o sujeito e o mundo. Preconiza que a natureza, como um todo, possui a centelha divina que é fonte da espontaneidade-criatividade presente no outro e em cada um de nós. O ser humano é autor e ator na co-criação da sociedade e do mundo, tornando-se responsável pela sua construção, agente de sua história. Lança-se no vir a ser por meio da relação com o outro, relação do ser com o fenômeno, relação do que está dentro (seu mundo interno) com o que está fora (o outro, o ambiente). Já o mundo é compreendido como uma rede de inter-relações na qual estão incluídos tanto os indivíduos quanto os sistemas familiares, os grupos, as organizações e as instituições, construindo e sendo construídos por eles mesmos. Segundo a socionomia, devem perceber que estão intimamente ligados, são interdependentes e não podem ser entendidos no âmbito de uma perspectiva fragmentada (Marra, 2004). O sistema sociométrico ou socionomia, para Moreno (1992), é, pois, a ciência das leis sociais. Configura-se em um projeto e compõe-se de um conjunto de métodos ou três dimensões complementares. A primeira é a sociodinâmica, cujo objeto é o desenvolvimento, a estruturação, a evolução e o funcionamento dos grupos. Emprega como método de investigação a interpretação de papéis ou *role-playing*. A outra dimensão complementar é a sociometria, que se ocupa da medida do relacionamento humano e cujo método de investigação é o teste sociométrico. Por último vem a sociatria, que considera o tratamento dos sistemas sociais e utiliza como métodos o psicodrama, o sociodrama, o axiodrama e a psicoterapia de grupo.

Naffah Neto (1980), ao falar do sistema sociométrico, enfatiza que essa ciência explora as leis do desenvolvimento social e das relações sociais, ocupando-se delas.

Todas essas dimensões propõem a superação da análise individual e subjetiva, possibilitando a análise grupal objetiva e psicossociológica, com a qual os participantes do grupo têm a oportunidade de descobrir-se no plano afetivo-emocional das interações humanas e o grupo em si, de constituir-se como grupo próprio. O projeto socionômico é transversalmente influenciado pela sociodinâmica, sociometria e sociatria, contando, portanto, com sua práxis transformadora (Marra, 2004). Essas dimensões criam um espaço para o desempenho espontâneo de papéis, que serve como método na educação terapêutica. Essa transversalidade, que conjuga dinâmica, ação, interação e terapia, transforma contextos em *loci* de saúde. Traz o sentido de justiça, abarca a dimensão de reflexividade e anuncia o tipo de projeto que está sendo tecido na rede de relações.

A educação sociopsicodramática é, por essência, transversal. Ela é um meio de formação que nasce do compromisso de reconhecer os sujeitos, fazer escolhas, recuperar a identidade, dar atenção a diferentes vozes, experiências, constatar que o contexto relacional é um espaço vivo, enfim, criar alternativas para a construção de outro tipo de conhecimento e de uma prática emancipatória. A interpenetração dessas dimensões está presente em toda situação grupal. Sua divisão é apenas didática, para o processo de compreensão. Em toda intervenção socioeducativa, ao adotarmos uma postura sociométrica, isso é, estarmos atentos às relações, interações e aos vínculos, termos um olhar específico para a construção de desenvolvimento, estrutura, organização de um grupo, estamos mais do que fotografando o seu funcionamento. Estamos radiografando-o. Os métodos do sistema sociométrico nos permitem investigar o fato social pelo seu interior. A estrutura superficial de um grupo só dá lugar para o conhecimento da estrutura subjacente mais profunda quando o grupo se coloca em ação com sua psique em movimento, em determinada situação, e os participantes se transformam em atores do seu próprio drama.

Segundo Moreno (1992), um grupo ou átomo social forma-se quando pessoas se juntam em torno de um critério forte, explícito e organizador. Critério é o motivo ou intenção comum levando os indivíduos a um mesmo impulso espontâneo. São valores objetivos, padrões ou normas que regulam a formação do grupo. Vemos, então, que os critérios de organização grupal, que são claros e explícitos, são reveladores da estrutura social manifesta. Porém, quando esse ajuntamento de pessoas começa a se movimentar e as correntes psicológicas (fenômenos de comunicação) vão se tornando explícitas devido aos estados de espontaneidade de uns para com os outros, o grupo passa a ter contato com as dimensões da atração, repulsa e indiferença. Estas fluem da matriz sociométrica, disparando mil outras motivações implícitas (razões pessoais que levaram o indivíduo a fazer tal escolha). Essas forças e fluxos vindos de cada indivíduo ativam a sociodinâmica do grupo.

Estudar a sociodinâmica de um grupo pressupõe as perguntas: "Qual é meu papel no grupo? Qual é o papel do outro e qual é o papel em que o outro ou o grupo quer me colocar? Qual o lugar na estrutura socioafetiva do grupo para o qual vou ou em qual quero me colocar?" Só podemos acompanhar esse movimento dinâmico do grupo pelo desempenho de papéis. Os papéis são formas reais e tangíveis que o eu adota. Fusão de elementos privados e coletivos que se compõem de duas partes: o diferencial individual e o denominador coletivo (Moreno, 1972). Portanto, contam com uma manifestação e uma expressividade corporal, tornando-se uma ponte constante entre o individual e o coletivo. O conceito de papel e seu complementar é sempre organizador das intervenções socioeducacionais por ser concreto, atualizar-se na interação, representar as bases vinculares do relacionamento humano e a perspectiva de seu desenvolvimento (Marra e Costa, 2004).

Ao acompanhar o movimento do grupo, deparamos com duas questões importantes. A primeira diz respeito às etapas de desenvolvimento das estruturas relacionais, que compreendem o isolamento orgânico, a diferenciação horizontal e a diferenciação vertical. Acompanhar essas etapas vividas pelo grupo é proporcionar espaço para seu desenvolvimento, permitindo a compreensão dos seus estados de integração, com a observação das formas sistemáticas dos processos de evolução decorrentes da passagem por esses estágios. O grupo passa por processos de organização dos mais simples para os mais complexos (lei sociogenética). Da interação em díades, passa a formar trios, quartetos ou subgrupos (diferenciação horizontal) até atingir a interação grupal e socioafetiva, que se explicita no momento da diferenciação vertical (lei da gravitação social). Nessa passagem, vamos identificando o núcleo grupal, o movimento central ou periférico dos integrantes – lei sociodinâmica (Moreno, 1992).

Esse mesmo autor chamou essa rede de relações de tele. O termo refere-se à correta percepção, apreensão e captação desse fluxo de sentimentos de uns para com os outros, baseados em acordos efetivos ou escolhas. Essa noção social está diretamente ligada à estrutura do átomo social. O fator tele cria, portanto, canais de comunicação, os quais expressam opiniões, normas, rumores e sentimentos que circulam em um grupo.

A segunda questão é a tricotomia social. As características, o formato e as configurações das estruturas grupais são organizados conforme os sentimentos de atração, rejeição e indiferença, e se manifestam numa rede de relações aparentes e subjacentes em interação que se desdobra em três movimentos: 1. Sociedade externa – é a descrição da coletividade. Compõe-se de grupos visíveis, aparentes e observáveis. É constituída por todos os grupos legalmente conhecidos como legítimos ou rechaçados. 2. Matriz sociométrica – é a sede das alterações dinâmicas, das motivações internas e do fluxo de sentimentos (tele) presentes no interior dos átomos sociais, compondo-se de diversas constelações em funcionamento. É a estrutura sociométrica invisível. Para descobri-la, é necessário usar estratégias sociométricas. 3. Realidade social – é a síntese e a interpenetração dinâmica da sociedade externa e da matriz sociométrica. Da oposição dialética entre essas duas forças nasce o processo real da vida social. Conhece-se, aí, o potencial espontâneo-criativo do grupo. Sabe-se qual sistema de valores os sujeitos escolhem e pretendem incorporar em suas atitudes. Esses critérios são diferentes para cada grupo e cultura e são os responsáveis pela sustentabilidade do sistema. Portanto, a interação grupal revela sua estrutura, a qualidade da relação entre seus participantes, as correntes psicológicas que compõem as redes de relações e o modo como são vividos e desempenhados os papéis sociais e psicodramáticos.

Como vimos, o efeito sociodinâmico (Moreno, 1992) não se distribui uniformemente dentro de um grupo. Algumas pessoas são objeto de mais escolhas do que outras. Para todos esses desdobramentos serem detectados na matriz sociométrica e termos explicitada a realidade social do grupo necessitamos dos métodos sociométricos. Moreno utilizou especialmente o teste sociométrico para o entendimento do fluxo de relações do grupo. Porém, todos os métodos sociopsicodramáticos nos possibilitam essas análises, uma vez que todos eles colocam o sujeito em ação, em determinada situação; assim sendo, podemos utilizar a sociometria de ação (jogos). Ação no sentido moreniano é colocar a psique dos sujeitos em movimento partindo do fluxo de sentimento (estados de espontaneidade) de uns para os outros, promovendo, além da dimensão relacional, a aprendizagem de conceitos, atitudes, idéias.

A expansividade afetiva dos componentes do grupo (energia que permite ao indivíduo reter o afeto de outras pessoas – Moreno, 1992) no aqui e agora vai sendo configurada de tal forma que pode ser desenhada por meio dos sociogramas, revelando a proximidade e o distanciamento relacional, como também as mutualidades (escolhas télicas) e as incongruências entre os sujeitos. O sociograma é, pois, o entrelaçamento sociométrico (*status* ou lugar socioafetivo) de cada pessoa no grupo.

Vamos nos voltar agora para o que Moreno (1983) chamou de co-consciente e co-inconsciente: "ver-se pelos olhos do outro". As formas, as percepções, os estados de espírito e os sentimentos estão continuamente passando pelo processo de vir a ser, havendo vários estágios de desenvolvimento no interior do átomo social, o que caracteriza uma condição psicológica e social de quantidades e intensidades variáveis. As associações livres estão incluídas numa espécie de fluxo livre que acompanha a intensidade do vínculo, o comportamento e a ação. Além disso, a vontade, as percepções, os fenômenos conscientes e inconscientes estão fundidos num só curso da experiência e convertem-se em valores idênticos. O conceito de inconsciente individual não é suficiente para esclarecer o que se passa na relação entre A e B. Existem estados inconscientes que não se originam de um só psiquismo, mas de vários ligados mutuamente de forma concreta. De acordo com essa dinamicidade, onde quer que duas ou mais pessoas se encontrem, formando um grupo, este não será composto apenas desses indivíduos, pois também incluirá suas relações, sem as quais sua função de grupo social não poderia ser expressa.

Nosso co-consciente é construído na interação que, ao longo de vivências significativas, forma modelos transgeracionais de comunicação. É por meio dessas relações e comunicações que os antepassados nos deixam legados e os transmitimos para a posteridade. A matriz sociométrica invisível que contém, então, todas essas informações só pode vir à tona e tornar-se visível e macroscópica mediante o processo sociométrico de análise.

Nosso universo, segundo Moreno (1992), consiste em organizações que são moldadas ou por pressões mecânicas e econômicas ou por pressões biológicas, como as famílias. Em nenhum lugar vemos a concretização do mundo apropriado conforme a necessidade de cada pessoa. Assim como no grupo familiar, nos demais grupos a convivência é, às vezes, fruto de circunstâncias, recomendações, ou é simplesmente fruto do acaso. Os grupos e as situações com as quais deparam formam seu destino social. A consangüinidade, o vínculo genético ou o mito da destinação são vividos no grupo familiar e experimentados nos demais grupos, pois, também nesse caso, quase sempre, não podemos escolher com quem queremos conviver.

A partir desse ponto, Moreno (1992) nos fala da possibilidade da construção sociométrica da comunidade, da família sociométrica, na qual as situações de vida e trabalho, de convivência social, possam ser utilizadas como cenários terapêuticos. Assim, poderíamos fazer escolhas que fossem compatíveis com as nossas necessidades, isso é, escolhas espontâneas.

Para isso, os grupos devem experimentar a aplicação de profundos métodos de ação na forma de sociodrama, *role-playing*, teste sociométrico. Esses são os métodos utilizados nas intervenções socioeducativas. "Os relacionamentos expressos são inscritos em sociogramas que se constituem como 'bússola social', orientando o terapeuta por meio de um labirinto da estrutura do grupo" (Moreno, 1992, p. 63). Os fenômenos que ameaçam a coesão grupal, as questões emocionais e sociais e todos os conteúdos psico e sociodinâmicos ficam presentes. O grupo investiga, diagnostica e modifica a estrutura grupal. Membros do grupo se deslocam de determinados papéis e movem-se em direção a novos e mais espontâneos desempenhos. Tomam consciência de todos os efeitos que suas inter-relações causam sobre o outro e sobre o grupo. Uns tornam-se agentes terapêuticos dos outros ao tentar encontrar sua família sociométrica no grupo. Busca-se a elucidação das relações transferenciais para o desenvolvimento da tele. Os membros do grupo se escolhem, possibilitando a formação de estruturas horizontais e verticais. Embora sejam estruturas diferenciadas, os organismos que delas participam são interligados e interdependentes. Podemos observar indivíduos altamente diferenciados, outros indiferenciados e aqueles que se sentem pertencendo ou não ao grupo. Nessa estrutura, ao se tornar manifesta por meio dos métodos que desenvolvem a espontaneidade, já mencionados, percebemos a contribuição de cada membro para a ordem ou a desordem social ou mental que afetam os demais indivíduos ou o grupo como um todo.

Moreno (1992), ao construir os métodos de ação com a perspectiva de reorganização do indivíduo e do grupo – "treinamento da espontaneidade social" –, quis possibilitar, por meio da vivência das situações reais da vida, a descoberta de uma família sociométrica. Ambicionava que cada pessoa e grupo se tornassem mais "felizes", produtivos e espontâneos com a interação entre todos os membros – momento que proporciona um *insight* da proximidade ou da distância psicológica entre todos.

O mesmo autor fala da importância da família (matriz de identidade), implicada na saúde social do ator em situação, e de todas as questões geradas e vividas a partir do co-consciente e co-inconsciente, presentificadas na ação do aqui e agora. Traz, também, a emergência da libertação das pessoas pelo desenvolvimento da espontaneidade-criatividade em uma família sociométrica (escolha de seus pares e parceiros), possibilitando uma melhor adequação (ajustamento a si e à situação) e maior produtividade. Quanto mais coerentes em nossas escolhas afetivas formos (tele desenvolvida), melhor perceberemos nossas verdadeiras necessidades, sendo que, cada vez mais, escolheremos companheiros mais compatíveis e, conseqüentemente, teremos relações mais saudáveis e duradouras.

A VISÃO SOCIONÔMICA DE UM GRUPO: O 16º CONGRESSO INTERNACIONAL DE PSICOTERAPIA DE GRUPO

Passaremos agora à descrição do funcionamento de um grupo. O 16º Congresso Internacional de Psicoterapia de Grupo foi realizado no Brasil, na cidade de São Paulo, de 17 a 22 de julho de 2006. Esse evento foi resultado de uma cooperação entre a Federação Brasileira de Psicodrama (Febrap) e a International Association for Group Psychotherapy and Group Processes (IAGP). Era a primeira parceria da Febrap com a IAGP para esse tipo de realização. Trata-se de um congresso desconhecido pela maioria das pessoas no Brasil.

Necessário se fazia organizar um grupo que assumisse o compromisso de levar em frente esse objetivo. Era, portanto, claro que a princípio as pessoas se juntariam.

Sabemos que um grupo começa sua formação quando pessoas se unem ao redor de um critério forte, explícito e organizador. Para o funcionamento de um grupo, de acordo com Moreno, é necessária, no início de sua constituição, a configuração de papéis, com um diretor e egos-auxiliares bem definidos, que sejam claros e explícitos, possibilitando ao grupo ganhar seus primeiros movimentos e viver seu drama. Esses papéis de diretor e egos, à medida que o grupo se organiza e cria uma identidade cultural espontâneo-criativa, vão perdendo sua força, que é direcionada para o grupo que confirma sua competência, assume sua autonomia e passa a viver situações de autocomposição e, cada vez menos, de oposição. Para atender a essa premissa importante, duas líderes foram designadas para coordenar os trabalhos no Brasil: Heloisa Junqueira Fleury foi designada pela IAGP para representar o Comitê do Programa Científico (SPC) e eu, Marlene Magnabosco Marra, fui eleita pelo Fórum Gestor, instância política da Febrap, para coordenar o Comitê Organizador Local (LOC).

Começamos a trabalhar de modo lento e caótico no momento de isolamento. A princípio, relacionávamo-nos com duas instituições e não com pessoas. Assinamos contratos, buscamos uma empresa que executasse o congresso, locais que poderiam constituir o *locus* da convivência – o clímax do processo. Mas, principalmente, procuramos ter um grupo com quem trabalhar, desenvolvendo ações. Um grupo que construiria o drama e a trama, a micropolítica da situação, e que, mais tarde, a converteria em uma macropolítica, na qual uma espelha e reflete a outra.

Decidimos, junto com a Febrap e a IAGP, que convidaríamos vários representantes de instituições com diferentes abordagens para serem colaboradores dessa organização. Queríamos formar um grupo organizador que refletisse a diversidade, tanto de abordagens quanto do funcionamento, da formação e da cultura de um congresso que se propunha ser internacional e multicultural. Tínhamos certeza de que seria uma tarefa muito difícil, pois cada abordagem ou escola tinha seus próprios valores, que determinam a identidade e o funcionamento do grupo.

E assim formou-se o subgrupo de consultores. Participaram onze instituições, cada uma com dois a três representantes. Então, surgiu um grupo de 28 pessoas, que conversavam e trocavam idéias por meio de uma lista de discussão. Formou-se, ainda, outro subgrupo da comissão organizadora, por membros da Febrap, composto de dez comissões com seus coordenadores, em um total de 55 pessoas. Éramos, então, 83 pessoas – nosso contexto grupal. As reuniões aconteciam presencialmente uma vez por mês. Ora encontrávamos todos, ora cada subgrupo – nosso contexto psicodramático.

Além do grupo, tínhamos, constantemente influenciando o processo grupal e fazendo intervenções, três instâncias políticas fortes e estabelecidas. A diretoria executiva da Febrap, o comitê científico formado por pessoas do mundo inteiro e o *board* da IAGP – o contexto social. Um grande grupo em todos os aspectos.

O tema do congresso, "Grupos: conectando indivíduos, comunidades e cultura", foi integralmente vivido e experimentado pelo grupo organizador.

Nossa perspectiva primeira era organizar o grupo. Tarefa difícil, por ser um grande grupo que tinha como critério de organização a disponibilidade pessoal e institucional para permanecer na atividade grupal por uma média de três anos, reunir-se, participar da lista de discussão e ter funções específicas de acordo com suas escolhas. Essa seria uma vivência coletiva de um modo bastante singular. Uma família sociométrica?

Os critérios iam se firmando. Ora a vinda de pessoas acontecia por critérios operacionais, ora por critérios afetivos. A realidade externa (estrutura do grupo) estava pronta. Tínhamos diretores, coordenadores e comissões com tarefas específicas. Porém, as correntes psicológicas que fluem da matriz sociométrica do grupo, com seus critérios implícitos, as motivações que resultavam das escolhas, as forças e fluxos vindos de cada indivíduo em direção aos outros afetavam a sociodinâmica do grupo trazendo inúmeras conseqüências. As dificuldades e os rumores tornaram-se explícitos. O jogo de interesse expressava sua potencialidade sobre a unidade. Cabia ao diretor e aos egos-auxiliares construir o processo, junto com os participantes, com clareza, objetividade, respeito e amorosidade.

Compreendemos que a chegada das pessoas tinha um critério também não explícito, mas consistente, favorecido pela sociometria das líderes. Esse critério dizia da oportunidade de termos nos conhecido anteriormente e realizado trabalhos em comum, termos organizado eventos em parceria. A mutualidade de escolhas entre as líderes e o consenso de suas escolhas com relação aos participantes foi fator de produtividade do grupo. No entanto, não conhecíamos a maior parte dos membros do LOC que vinham das instituições colaboradoras; contatos e contatos foram feitos, pela *internet* e pelo telefone, até que as escolhas foram se configurando e a matriz sociométrica foi se revelando.

Enfim, formamos o grupo. Nosso objetivo era buscar um espaço seguro, respeitoso e de abertura para a construção e exploração de novas formas e leituras de um mesmo processo. Abrir espaços para reinventar um congresso, cujos membros organizadores, em sua maioria, não conheciam a IAGP e seu modo de funcionamento. Tampouco haviam participado de outros congressos da IAGP e da Febrap.

Mony Elkaïm (1990) nos relata que a compreensão das mudanças qualitativas de um sistema tem um sentido fundamental no que diz respeito aos seus elementos históricos, favorecendo uma nova organização. Por meio das leis próprias, como as singulares e intrínsecas, o sistema qualifica-se com novas leituras.

Nossa meta final era a organização do congresso, mas urgia formar o grupo e deixar que ele seguisse seu curso, sem que fosse apressado. Esperava-se abrir espaços para reinventar os caminhos, permitindo a ampliação das experiências e propondo a circulação da informação e a interação. Esse foi o objetivo do grupo organizador e, também, um dos objetivos norteadores do congresso. A vivência transcultural de diferentes povos que participaram foi a expressão maior da integração.

Acompanhar o desenvolvimento, a evolução e a estruturação desse grupo nos fez viver um sociodrama constante. Vimos linhas que se entrecruzavam, fluxos que se juntavam para formar novos fluxos ou desfazer-se logo adiante, gerando um movimento contínuo, presencial e virtual, marcado por luzes e sombras, um verdadeiro caleidoscópio. A diversidade de pessoas e modos de ser, viver, organizar e pensar gerou uma multiplicidade de interação, formando jogos de interesse e poder, aos quais não podíamos dar atenção, assim como não podíamos explicitá-los. Pois, se assim fizéssemos, fugiríamos ao objetivo principal e não conseguiríamos cumprir a tarefa. Esse amontoado de pessoas, a princípio, não estava ali para tratar de suas relações e interações, para se conhecer e se integrar, e sim para realizar uma tarefa comum. Mas esse objetivo de construir uma tarefa comum, com base na perspectiva sociométrica, abre espaços de interlocução que favorecem a interação e a compreensão desses processos relacionais. O "como se" da dramatização não poderia ser vivido nos moldes sociodramáticos tradicionais. Ali, os encontros se davam de forma determinada: o lugar, o momento e a palavra determinados e em *status nascedi*. A metodologia sociodramática era nossa referência. O aquecimento se dava ao longo do mês, com nossas conversações, por meio da lista de discussão, sobre todas as questões, dificuldades e nuanças da organização. Todos tinham oportunidade de acompanhar o processo, de mostrar-se numa perspectiva de busca não do agente protagônico, mas do tema protagônico e suas implicações em relação às comissões e aos futuros participantes do congresso. As reuniões eram a dramatização. Nesse espaço, tudo era permitido: falar, reclamar, discutir, desencadear e resolver situações. Ali mesmo, ao final, aconteciam nossos comentários sobre como nos sentíamos diante de tantas tarefas e responsabilidades.

Essa movimentação do grupo, visto como átomo social, foi se estabelecendo de tal forma que nos possibilitou perceber os desdobramentos da tricotomia social. Às vezes percebíamos que a sociedade externa e a matriz sociométrica eram um só movimento; outras vezes isso se tornava imperceptível. O privado e o público eram desdobramentos de um mesmo movimento que se alternava conforme a presença ou não das pessoas. Todos esses aportes contribuíram para o enriquecimento, a atualização e a multiplicidade de modos de atuação que foram expressos no congresso. Sabemos que toda ação tem um significado, mesmo que não tenhamos consciência dela.

O *role-playing* foi o método por excelência. Todos tinham um papel social (denominador coletivo), mas também um papel psicodramático (diferenciador). Esse é um método que dá visibilidade ao jogo de papéis e à produção de situações geradas na dinâmica do grupo. Assim sendo, anuncia o tipo de construção que está sendo tecida na rede de relações.

Tentamos passar primeiro pelo papel de diretor e depois de ego-auxiliar do grupo, ora agenciando os fluxos, ora desconectando-os, sempre com a perspectiva do trabalho operativo. Os campos de força às vezes conflitavam, às vezes ganhavam hegemonias, gerando novos papéis e personagens. Personagens fantasmas ou presentes, alcançando o real na construção da intersubjetividade do grupo.

Nesse momento, o grupo estabelecia parcerias em díades, triângulos, cadeias e até pequenos subgrupos. Era possível observar as escolhas, uma vez que as pessoas não tinham mais receio de se mostrar, e executavam tarefas específicas. Com essa dinâmica relacional, o grupo passou a ter coesão, se fortaleceu e iniciou o estabelecimento de uma identidade grupal. Nessa etapa, a função de diretor foi eliminada e a função do ego-auxiliar foi recriada, ganhando diversidade e plasticidade.

O trabalho sociométrico foi acontecendo por onde os fluxos se encaminhavam, criando novos campos de força, os quais foram mapeando e criando o *design* do congresso. A vivência do estágio de diferenciação vertical possibilitou ao grupo uma estabilidade sociodinâmica. A vivência da interação grupal e a maior consciência sociométrica expandiram as relações socioafetivas. O grupo tinha agora maior compromisso com suas tarefas e mais disponibilidade para os encontros.

Muitos membros saíram e outros chegaram durante o percurso do trabalho. Víamos claramente as mutualidades e as incongruências das relações. A movimentação de algumas pessoas, guiadas por suas responsabilidades e compromisso grupal, as colocava no centro do grupo, enquanto outras perdiam suas posições, tornando-se periféricas. As dificuldades foram resolvidas com respeito e alteridade, estabelecendo um espaço de troca e construção.

Percebemos que o processo de organização do congresso, em suas diferentes instâncias, teve como elementos básicos a qualidade das relações e as ressonâncias que aparecem no interjogo do processo complexo de construção coletiva. As relações já sedimentadas e de mutualidades entre as líderes ampliaram qualitativamente o campo. Buscamos manter a saúde do grupo num nível de produtividade e expressão socializadas. A vivência desse processo coletivo permitiu-nos desenvolver a espontaneidade, criatividade, responsabilidade e autoridade partilhadas para o desempenho de papéis sociais antes nunca vividos pela maioria do grupo.

Compartilhamos uma utopia que foi se constituindo em realidade. Vivenciamos jogos de heróis, esconde-esconde, pega-pega, mas também estiveram presentes o duplo, o solilóquio, o espelho, a inversão de papéis.

Como na metáfora do caleidoscópio, essas manifestações foram fermentando em um processo dinâmico com formas, cores e configurações diferentes e diversas, resultando em novas construções.

Esse grupo organizador sempre mostrou-se capaz de administrar as pressões externas aos grupos, dar continência às dificuldades e lidar com o imprevisível e contingencial.

Hoje, ao fazermos o balanço dos resultados do congresso, concluímos que foi um evento que deu certo. A Febrap ganhou maior visibilidade e habilidade para a organização de congressos por meio de seus federados. Dessa vivência grupal, resultou a constituição de outro grupo, o grupo interinstitucional. Esse grupo guarda o formato e a experiência do LOC. É constituído por diferentes instituições, com diversas abordagens, e tem como objetivos a ampliação de redes, o aumento da visibilidade das instituições que dele participam e a construção de metodologias de intervenção grupal.

E, assim, inicia-se um novo processo, como na espiral do desenvolvimento. No futuro, falaremos sobre ele.

CONCLUSÃO

Trazemos como conclusão um paralelo entre tudo que descrevemos e o paradigma estético estudado pela psicóloga pós-moderna Bader Burihan Sawaia (1999), para, mais uma vez, constatarmos como nossa teoria e metodologia acompanharam os tempos.

Vive-se hoje uma transformação profunda do estilo de vida, com ênfase na estetização da existência, uma revolução da sensibilidade. O paradigma estético desmistifica a ordem da razão instrumental, indica a importância dos sentidos da vida social e apresenta um compromisso ético. Não como uma questão de persuasão ou opção puramente racional entre virtude e pecado, mas como necessidade do eu, como desejo, com sua motivação sendo configurada e reconfigurada na intersubjetividade.

Esse paradigma permite-nos compreender que, mesmo quando o indivíduo age em nome do bem comum, o faz por motivação individual. Ao escolher, sem restrições, seu modo de existir, afasta-se ou aproxima-se do contexto social, dos embates políticos e econômicos e dos princípios universais. Assim, a estética da existência deve ser regulada pelo princípio da comunidade, que define a ética por meio de bons encontros que se alimentam da diversidade. A qualidade da relação é caracterizada pela mutualidade. A fusão entre o eu e o outro – o diverso –, entre o dar e o receber, é emocional e vivida pela experiência. O potenciar amplia o conscientizar. A autora propõe que a dialética voltada ao existencial exige que o indivíduo busque o alto conhecimento da existência, e a vivência do projeto socionômico deve nos conduzir a isso.

E Buber (1974) pergunta: o que acontece quando uma de nossas ações cessa de ser espontânea para tornar-se automática? A consciência se retira dela. A matéria é a necessidade, a consciência é a liberdade. Essa é a base do verdadeiro sociopsicodrama, assim como da educação psicodramática.

Referências bibliográficas

BUBER, M. *Eu e tu*. Trad. Newton Aquiles von Zuben. São Paulo: Moraes, 1974.
BUSTOS, D. M. *O teste sociométrico: fundamentos, técnica e aplicações*. Trad. Antônio Marcello Campedelli. São Paulo: Brasiliense, 1979.
ELKAÏM, M. *Se você me ama, não me ame*. Trad. Nelson da Silva Junior. Campinas: Papirus, 1990.
FONSECA, J. *Psicoterapia da relação: elementos de psicodrama contemporâneo*. São Paulo: Ágora, 2000.
FREIRE, P. *Pedagogia da autonomia*. Rio de Janeiro: Paz e Terra, 1999.
MARRA, M. M. *De bombeiro a multiplicador: abordagem sociodramática à família no contexto dos conselhos tutelares*. 2003. Dissertação (Mestrado em Psicologia) – Universidade Católica de Brasília, Brasília, Distrito Federal.
_____. *O agente social que transforma: o sociodrama na organização de grupos*. São Paulo: Ágora, 2004.

MARRA, M. M.; COSTA, L. F. "A pesquisa-ação e o sociodrama: uma conexão possível?" *Revista Brasileira de Psicodrama*, São Paulo, v. 12, n. 1, p. 99-116, 2004.

MORENO, J. L. *Fundamentos do psicodrama*. Trad. Maria Sílvia Mourão Neto. São Paulo: Summus, 1983.

_____. *Psicodrama*. Trad. Álvaro Cabral. São Paulo: Cultrix, 1972.

_____. *Quem sobreviverá? Fundamentos da sociometria, psicoterapia de grupo e sociodrama*. 3 v. Trad. Alessandra R. de Faria, Denise L. Rodrigues e Márcia A. Kafuri. Goiânia: Dimensão, 1992.

NAFFAH NETO, A. *Psicodramatizar: ensaios*. São Paulo: Ágora, 1980.

SAWAIA, B. B. "Comunidade como ética e estética da existência: uma reflexão mediada pelo conceito de identidade". *Psykhe*, Santiago, v. 8, n. 1, p. 19-25, 1999.

11. A INTERVENÇÃO GRUPAL SOCIOEDUCATIVA DE TEMPO LIMITADO

HELOISA JUNQUEIRA FLEURY

INTRODUÇÃO

As intervenções de tempo limitado têm demonstrado uma tendência crescente de aplicação nos mais variados contextos. Na saúde pública, predominam grupos com função mais terapêutica. Na educação e nas organizações, prevalecem os psicoeducativos ou de desenvolvimento pessoal e/ou grupal. Atendem aos novos paradigmas de saúde, que buscam melhores condições de vida, utilizando todos os recursos materiais, culturais, sociais e psicológicos disponíveis.

Ao trabalharmos com grupos, os princípios definidos por Moreno constituem a base teórica para a avaliação da evolução grupal e de seus participantes e para a escolha da estratégia de coordenação. O psicodrama é uma modalidade de intervenção que favorece o aspecto vivencial, condição valorizada para mudanças pessoais. Porém, outros referenciais teóricos têm sido agregados, como estudos da psicologia social sobre comportamentos esperados em grupos funcionais e a concepção de estrutura grupal da teoria sistêmica.

Essa modalidade baseia-se na expectativa de benefícios máximos com o menor investimento, financeiro e psicológico. Tem um final definido e sessões previamente planejadas, tomando como referencial características da população atendida e do contrato estabelecido. A limitação do tempo tende a trazer maior intensidade ao trabalho e estimula a aplicação mais rápida na vida (MacKenzie, 1990).

O destaque na atualidade tem sido o trabalho com grupos homogeneizados, isso é, os participantes são agrupados de acordo com certos critérios, tais como:

- Sintoma (pessoas com disfunções sexuais, cardiopatas, diabéticos, obesos e outros).
- Etapa da vida (predominam temas universais): início da vida adulta (constituição da família, carreira profissional etc.); meia-idade (afastamento dos filhos, casamento, aposentadoria etc.); pós-meia-idade (saúde, qualidade de vida, sexualidade etc.).
- Resolução de problemas (lutos, agressividade, auto-imagem prejudicada etc.).

Alguns são homogeneizados pelo sexo. Fleury (2006) apresentou algumas características específicas dos grupos de mulheres, modalidade muito utilizada atualmente.

Essa condição homogeneizada facilita o processo de identificação de um membro com os demais. Ao mesmo tempo, torna possível determinar os principais fatores de risco para a população a ser atendida, que são inseridos em programa preestabelecido com sessões tematizadas.

A avaliação de resultados dessa modalidade de intervenção tem comprovado seu enorme potencial para aplicação em grupos com enfoque socioeducativo.

O CONCEITO DE GRUPO

Os pioneiros nos estudos de grupos (Moreno, Slavson, Foulkes, Bion e outros) seguiram caminhos diversos, porém com alguns princípios comuns a todos eles, com destaque para a concepção de grupo como uma entidade unitária e para a identificação de alguns princípios que regem seu funcionamento e evolução.

As proposições filosóficas e metodológicas de Moreno (1993, 1994a, 1994b) fundamentam a conceituação de grupo como um sistema vivo em contínuas transformações, caracterizado por forças de aproximação, afastamento e indiferença entre os integrantes, reveladas na matriz sociométrica[1]. Constitui-se, assim, por uma potência interna inicial em contínua interação com o ambiente em que está inserido, produzindo uma estruturação ativa de sua forma e organização, que resulta em algo único e imprevisível, fazendo que cada grupo tenha sua própria identidade.

A teoria geral dos sistemas traz também importantes contribuições pela possibilidade que oferece de compreensão da complexidade dos grupos, considerando diferentes níveis de organização. Nessa teoria, dois conceitos são particularmente importantes. O primeiro deles é a noção de fronteiras. MacKenzie (1990) salienta que esse conceito pode ser compreendido num sentido físico (porta fechada da sala) ou psicológico (consciência de que duas instâncias são diferentes). Nas intervenções socioeducativas, a principal fronteira é aquela que diferencia a cultura interna do grupo do que ocorre no mundo externo, responsável pelo fortalecimento da identidade grupal.

O segundo conceito é o de permeabilidade no funcionamento da fronteira. Segundo MacKenzie (1990), a abertura favorece a aquisição de novas informações, a disponibilidade para correr riscos e mudar. Por outro lado, o fechamento favorece a reorganização do eu. Nos grupos, os participantes vivenciam períodos de mudança intercalados com aqueles de maior reflexão e consolidação.

Num sistema social, de acordo com esse mesmo autor, funcionam diversas fronteiras (Figura 1):

---

1. Matriz sociométrica é o termo utilizado por Moreno (1994a) para designar as estruturas sociométricas invisíveis no grupo, mas que podem ser explicitadas no trabalho grupal.

- Externa: relativa a temas e experiências que criam um sentido de grupalidade. É particularmente importante no início da atividade grupal.
- Interpessoal: relativa às interações entre os membros do grupo.
- Subgrupos: relativa aos subgrupos existentes na estrutura grupal, que podem ser flutuantes. Na Figura 1, ela vai além do grupo pela possibilidade de envolver questões referentes à socialização externa.
- Liderança: relativa ao líder designado, que tem maior influência e responsabilidade. Pode conter uma equipe de coordenação (coterapeuta, observador, supervisor).
- Subsistema individual: relativa ao "sentido de eu" do indivíduo ou aos seus aspectos conhecidos pelos demais. MacKenzie salienta que estados internos são reconhecidos por meio de interpretações do que é observado do comportamento interpessoal, o que facilita a atenção a esses padrões relacionais.

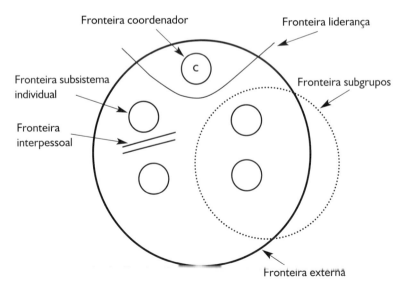

FIGURA 1. Diagrama estrutural de um pequeno grupo com as fronteiras identificadas.

Considerando-se esses referenciais teóricos, define-se grupo como um sistema composto de pessoas reunidas e com uma tarefa ou função comum, que é a de formar e manter o sistema, constituindo-se, portanto, numa estrutura dinâmica de interações, com o conteúdo em desenvolvimento.

FATORES TERAPÊUTICOS NOS GRUPOS

O grupo caracteriza-se como um microcosmo social com importantes propriedades terapêuticas, de acordo com Yalom e Leszcz (2006). Esses autores apontaram importantes mecanismos de aprendizagem e sistematizaram vários fatores terapêuticos que operam nos grupos.

MacKenzie (1990) dividiu esses mecanismos em duas categorias:

- decorrentes das interações grupais: apoio mútuo (esperança, aceitação, universalidade, altruísmo), auto-exposição (emoção e integração), aprendizagem com o outro (modelagem, aconselhamento, educação);
- decorrentes das intervenções terapêuticas: aprendizagem interpessoal (*feedback* e experiência relativa a novos comportamentos) e autocompreensão (experiência emocional corretiva).

Esses fatores atuam em todos os grupos e devem ser estimulados sempre que possível.

Yalom e Leszcz (2006) descreveram a instilação e a manutenção da esperança como importantes fatores terapêuticos. Na etapa de preparação para a atividade grupal, favorecem o enfrentamento das dificuldades próprias de uma experiência desconhecida. Outro fator relevante nas intervenções de tempo limitado é a universalidade, relativa ao reconhecimento de preocupações semelhantes. Contribui para a identificação com o outro e o envolvimento mais rápido. Fazer que as pessoas percebam que não são únicas em suas aflições traz um enorme alívio.

Uma das condições necessárias para a ação dos mecanismos terapêuticos é a coesão grupal. Caracteriza-se pelo pólo de interesse e envolvimento dos participantes, em oposição ao afastamento e ensimesmamento. Yalom e Leszcz (2006) definiram coesão como a resultante das forças agindo sobre os participantes, caracterizando a atração do grupo sobre seus membros. Em grupos coesos, predominam sentimentos de afeto, conforto e a sensação de pertencimento. Há envolvimento, investimento, exposição e, conseqüentemente, maior adesão e melhores resultados.

CARACTERIZAÇÃO DO MÉTODO

Entre as metodologias desenvolvidas por Moreno, a psicoterapia de grupo foi a menos valorizada, talvez pelo fato de o seu criador ter priorizado os recursos de ação. Moreno (1993) a definiu como um método que aborda as relações interpessoais e as dificuldades dos seus participantes, sendo o trabalho centrado no grupo. Trata-se, segundo ele, de um processo terapêutico determinado pelas forças grupais atuando em sua estrutura.

Por outro lado, Moreno afirmou que o termo psicoterapia de grupo "se transformou no nome genérico de todos os métodos de tratamento grupal e contribuiu para criar uma base conceitual comum" (1993, p. 22). Com isso, expressou o potencial transformador desse método em qualquer contexto de aplicação.

A psicoterapia de grupo tem sido objeto de muitas pesquisas, principalmente nos Estados Unidos, que confirmam seu potencial no que concerne à mobilização das forças grupais. Gunzburg (2005), psicanalista norte-americana, recomenda que o líder tome uma postura ativa de ajuda para que a queixa principal de cada participante seja expressa nas relações grupais. Por exemplo, quando o foco é a agressividade, deve-se estimular cada membro a manifestá-la nas inter-relações com os demais. A psicanalista enfatiza a necessidade de manutenção do número definido de sessões do programa, uma vez que a limitação do tempo cria uma pressão, que é uma importante estratégia terapêutica.

Essa autora enumerou as funções do coordenador que promovem a ativação dos recursos grupais:

1. Estabelecer pontes entre os participantes, buscando criar conexões emocionais e favorecer trocas interpessoais para uma comunicação com sentido.
2. Promover a educação emocional dos membros, ensinando-os a reconhecer sentimentos e identificando falas sem sentido ou silêncios que tenham conteúdos importantes.
3. Estimular a comunicação emocional, buscando cultivar interações baseadas em sentimentos entre os participantes.
4. Presentificar a experiência, trazendo preocupações passadas, futuras ou externas para o aqui e agora do grupo.

Independentemente do referencial teórico-prático adotado nas intervenções socioeducacionais, essas diretrizes, aliadas principalmente ao sociodrama ou a outro método de ação, têm se mostrado bastante eficazes.

A intervenção grupal de tempo limitado baseia-se numa proposta de trabalho com duração previamente definida, variando geralmente de oito a quarenta sessões, podendo chegar a sessenta.

Alguns aspectos são essenciais, como o manejo da limitação do tempo, a aceitação de que os objetivos serão limitados e a manutenção do foco no presente. O coordenador deve sustentar uma ação mais diretiva e flexível, com prontidão para a intervenção, estando preparado para valorizar o componente vivencial da sua prática.

Os participantes são apresentados à sua tarefa fundamental, que é constituir um grupo vivo por meio da liberdade de expressão e do compartilhamento da vivência. Essa experiência promove um aprofundamento crescente e o enriquecimento das relações humanas.

Para a otimização dos recursos grupais, preconiza-se que o objetivo da equipe de coordenação e dos participantes seja transformado conjuntamente num foco consensual a ser mantido até o final, com flexibilidade suficiente para adaptação às particularidades de cada grupo. Nos grupos socioeducativos, isso geralmente ocorre no primeiro encontro, enquanto nos terapêuticos, em encontros individuais e nas primeiras sessões grupais.

CONSTITUIÇÃO DO GRUPO

O primeiro passo da equipe é preparar-se para a experiência grupal, estabelecendo os aspectos objetivos do programa (contrato). Essa etapa caracteriza-se basicamente pela preparação da equipe; definição do contexto (local, horário, equipe, honorários); composição do grupo e determinação do seu tamanho; seleção e preparação dos participantes (MacKenzie, 1996).

Composição do grupo

A composição dependerá basicamente do objetivo e da amplitude do contrato, que define o tamanho do grupo e os critérios para seleção dos participantes.

Grupos homogêneos levam à abordagem de temas comuns, propiciando um envolvimento mais rápido. Experiências difíceis semelhantes facilitam a identificação com os demais e o reconhecimento de si próprio. Por exemplo: um obeso muito provavelmente sabe o que é comer escondido e poderá perceber com facilidade os indícios desse comportamento, ajudando o outro a se expor, assim como se reconhecerá nessa experiência.

Tamanho do grupo

Pressupondo que o tamanho determina as características, a dinâmica e o caráter do grupo (Weinberg e Schneider, 2006), o coordenador precisa ter claro seu objetivo para que possa escolher entre os pequenos grupos (sete a doze participantes – para alguns, até quinze), os médios grupos (dezoito a vinte – para alguns, até trinta) e os grandes grupos (acima de trinta, quarenta, oitenta ou mesmo centenas).

No enfoque socioeducativo, principalmente em escolas e empresas, a privacidade dos participantes deve ser preservada, o que torna grupos maiores indicados, diferentemente dos grupos voltados para o desenvolvimento pessoal ou com função terapêutica. Nestes, o aumento do número de participantes leva a mais interações, o que, segundo MacKenzie (1990), provoca um impacto no grupo, trazendo maior complexidade para o coordenador.

A psicologia social (MacKenzie, 1990) julga que grupos com menos de cinco participantes gastam muita energia nas negociações de parcerias; grupos com cinco a dez participantes seriam mais propícios às alianças em subgrupos, às mudanças de papéis e posições, sem que houvesse necessidade de reorganização total da estrutura grupal. O tamanho tecnicamente ideal para alguns autores conta com cinco a sete participantes, já que o número ímpar dificulta polarizações.

Algumas tendências observadas em grupos maiores são (MacKenzie, 1990):

- Ampliação da busca por liderança, fazendo que aqueles com essa habilidade tornem-se foco das expectativas do grupo.
- Aumento de subgrupos, pela necessidade de formação de parcerias e de maior intimidade, diminuindo a possibilidade de acompanhamento da participação individual.
- Diminuição da participação daqueles que não dominam a discussão.
- Instauração de um clima mais seguro porque as pessoas arriscam menos, tendendo a uma participação caracterizada pela busca de informações.
- Manutenção de um número maior de relacionamentos por parte de cada participante, que passa a dispor, porém, de menos tempo para se dedicar a cada um deles.

- Diminuição da tendência a lidar com questões pessoais ou usar de responsabilidade pessoal para a direção grupal.
- Redução da atenção ao próprio comportamento e à forma como é percebido pelos outros.
- Intensificação da tendência a comportamentos menos inibidos, com aumento dos impulsivos.

Seleção dos participantes

No processo de seleção dos participantes, a equipe deverá estar atenta ao objetivo de coesão e à possibilidade de adaptação ao grupo. Para Rutan e Stone (2001), o participante ideal em modalidades de curta duração é aquele com boa capacidade para envolver-se em relacionamentos, observar a si próprio, ouvir o outro, vivenciar e relatar sentimentos.

Embora essa definição não se aplique à maioria dos indivíduos que buscam ajuda, a equipe deverá tentar detectar algumas características que dificultam a participação.

Preparação para a experiência grupal

A preparação dos participantes envolve alguns aspectos ligados ao funcionamento do grupo, tais como definição de datas dos encontros, horário, duração, honorários etc., assim como elementos relativos à construção de atitudes e expectativas.

Algumas recomendações no caso de grupos de duração mais longa são: verbalizar sentimentos e pensamentos em relação aos demais; usar todo o tempo e ajudar os demais a fazer o mesmo; manter sigilo; desencorajar orientações relativas a contatos fora do grupo ou adaptá-las, se isso for conveniente; comparecer às sessões e notificar ausências; observar-se e participar sem julgamento; buscar relações com os outros, criando interações no aqui e agora. É recomendável também que as possíveis dificuldades sejam antecipadas e que seja dada ênfase à importância de compartilhá-las com o grupo. O objetivo desses procedimentos é aumentar a chance de o indivíduo permanecer e ter contato com o efeito terapêutico da experiência (MacKenzie, 1996).

Coordenação da intervenção socioeducativa

Moreno (1994b) determinou princípios que regem o funcionamento dos grupos baseado em extensas pesquisas sociométricas sobre organizações espontâneas do ser humano. Identificou uma tendência de evolução, nos grupos, das formas mais simples para outras mais complexas, a qual chamou de lei sociogenética, definindo três etapas: isolamento orgânico, diferenciação horizontal e diferenciação vertical. Cada uma delas tem um estilo próprio de organização interna, sendo que a passagem para a seguinte ocorre quando questões mais sensíveis surgem e podem ser abordadas, levando ao aprofundamento da experiência grupal. Essa progressão é mais visível em grupos fechados e de tempo limitado.

Na intervenção grupal de tempo limitado, a otimização dos recursos é garantida por meio da definição de estratégias de coordenação. A principal função do coordenador na etapa inicial é criar a cultura interna e garantir maior coesão, o que definirá a identidade grupal. Jorge Burmeister (2007) identifica as seguintes funções: ativar o grupo para que haja interação, aspecto necessário para a criação de uma base de confiança; manter uma escuta atenta, visando ao desenvolvimento da confiança no coordenador; manter uma postura ativa, inclusive para a recondução ao foco quando este se distancia; facilitar o apoio mútuo, condição possível nos grupos e um importante fator terapêutico.

Articulando o referencial psicodramático para direção grupal (Knobel, 2006) ao conceito de fronteiras e de tarefas propostas pela teoria sistêmica (MacKenzie, 1990), temos os movimentos descritos a seguir:

Isolamento: caracteriza-se pelo momento inicial, quando os participantes chegam e se reconhecem no aqui e agora. Aqui, a principal tarefa é o estímulo do envolvimento e da afiliação, por meio da exploração de coisas únicas no grupo, comparadas com experiências relacionais externas (fortalecimento da fronteira externa).

Diferenciação horizontal: caracteriza-se pela busca da participação de todos, desenvolvendo a confiança. Aqui a tarefa principal é entrar no grupo, o que geralmente ocorre por meio da apresentação de cada um. O reconhecimento das semelhanças entre os participantes estimula o fator terapêutico da universalidade. No início da experiência grupal, a apresentação e o sentimento de pertencimento tendem a ser mais importantes que o conteúdo abordado (fortalecimento da fronteira externa).

Diferenciação vertical: caracteriza-se pelo desenvolvimento de estratégias para resolução de conflitos, tendo como principal tarefa o reconhecimento das diferenças entre os membros (fortalecimento da fronteira individual).

O aprofundamento tende a ser maior nos grupos com função terapêutica e de desenvolvimento pessoal. Neles, é incentivada uma complexidade crescente das tarefas, fortalecendo as outras fronteiras.

O PLANEJAMENTO DE UM PROGRAMA DE INTERVENÇÃO SOCIOEDUCATIVA

MacKenzie (1990) menciona que 50% dos pacientes que iniciam um processo psicoterapêutico permanecem até a oitava sessão, enquanto 75% dos que participam de processos com tempo limitado comparecem até a vigésima sexta semana, com uma permanência média de 15,4 sessões. Afirma que quando o coordenador define o término (tempo limitado) há uma permanência maior. A limitação do tempo pode ser considerada, portanto, uma estratégia válida para maior adesão.

O planejamento inicia-se pela definição do foco. As principais características da população em questão e o contrato estabelecido definirão o tamanho e a composição do grupo, assim como a duração do atendimento.

A distribuição dos temas deve ser feita considerando-se as etapas de desenvolvimento grupal. No início, a prioridade é constituir o grupo, cabendo temas que possam favorecer essa tarefa. Por outro lado, ao final, faz-se necessário o planejamento do encerramento, que deve visar à integração do que foi construído e ao empoderamento de cada participante por meio da concretização do que está sendo levado da experiência para a vida.

Os temas são escolhidos com base em evidências apontadas pela literatura científica, na experiência profissional da equipe, assim como em dados levantados em pesquisas prévias. Fleury e Abdo (2005) apresentaram alguns referenciais para que seja feita a escolha nessa proposta de trabalho.

Podem ser previstas sessões livres, com temas que emergem do próprio grupo, porém considerando aspectos como a duração da intervenção, a habilidade do coordenador e a necessidade do grupo. Em qualquer circunstância, nessa modalidade de intervenção deve-se buscar a manutenção do foco estabelecido previamente.

CONCLUSÃO

Alguns países têm preconizado terapias em que o profissional segue estratégias prescritas sob a forma de um manual. A intervenção grupal de tempo limitado não segue essa tendência. Propõe um programa para otimização do tempo. Porém, o plano de ação será sempre construído segundo a necessidade do grupo. Essa intervenção valoriza a soberania dos processos grupais sobre qualquer pauta preestabelecida.

Referências bibliográficas

BURMEISTER, J. "Intervenções grupais de tempo limitado planejadas – a experiência em países europeus". Aula proferida no curso *Intervenções grupais de tempo limitado*. São Paulo: Instituto Sedes Sapientiae, 2007.

FLEURY, H. J. "Grupos de mulheres". *Revista Brasileira de Psicodrama*, São Paulo, v. 14, n. 1, p. 121-30, 2006.

FLEURY, H. J.; ABDO, C. H. N. "Uma proposta psicoterápica para a mulher climatérica". In: FLEURY, H. J.; MARRA, M. M. (orgs.). *Intervenções grupais na Saúde*. São Paulo: Ágora, 2005, p. 53-71.

GUNZBURG, M. "The FIT modern group model: three keys to creating successful short-term groups". Conteúdo apresentado no *62º Encontro Anual da American Group Psychotherapy Association*. Nova York, 2005.

KNOBEL, A. M. "Grandes grupos: história, teoria e práticas psicodramáticas". In: FLEURY, H. J.; MARRA, M. M. (orgs.). *Práticas grupais contemporâneas: a brasilidade do psicodrama e de outras abordagens*. São Paulo: Ágora, 2006, p. 213-33.

MACKENZIE, K. R. *Introduction to time-limited group psychotherapy*. Washington: American Psychiatric Press, 1990.

_____. "Time-limited group psychotherapy". *International Journal of Group Psychotherapy*, v. 46, n. 1, p. 41-60, 1996.

MORENO, J. L. *Psicoterapia de grupo e psicodrama*. Trad. José Carlos Landini e José Carlos Vítor Gomes. 2. ed. rev. Campinas: Psy, 1993.

_____. *Quem sobreviverá? Fundamentos da sociometria, psicoterapia de grupo e sociodrama*. Trad. Alessandra R. de Faria, Denise L. Rodrigues e Márcia A. Kafuri. Goiânia: Dimensão, v. 1, 1994a.

_____. *Quem sobreviverá? Fundamentos da sociometria, psicoterapia de grupo e sociodrama*. Trad. Alessandra R. de Faria, Denise L. Rodrigues e Márcia A. Kafuri. Goiânia: Dimensão, v. 2, 1994b.

RUTAN, J. S.; STONE, W. N. *Psychodynamic group psychotherapy*. 3 ed. Nova York: Guilford, 2001.

WEINBERG, H.; SCHNEIDER, S. "Grupos maiores: filosofia, estrutura e dinâmicas". In: FLEURY, H. J.; MARRA, M. M. (orgs.). *Práticas grupais contemporâneas: a brasilidade do psicodrama e de outras abordagens*. São Paulo: Ágora, 2006, p. 193-211.

YALOM, I. D.; LESZCZ, M. *Psicoterapia de grupo: teoria e prática*. Porto Alegre: Artes Médicas, 2006.

12. A ELABORAÇÃO DE PROJETOS PARA A EFETIVAÇÃO DE INTERVENÇÕES SOCIOEDUCATIVAS

MARA SAMPAIO
YVETTE DATNER

É fundamental que todo profissional que atue na área socioeducacional valorize a elaboração de um projeto, antes de qualquer intervenção, o qual reflita sua concepção de trabalho. Para o profissional com formação moreniana, a etapa de prospecção de intervenções criativas e inovadoras é mais fácil e atraente do que a preparação racional e organizada de um planejamento de sua ação. Atualmente, essa etapa é muito valorizada nas diversas áreas profissionais: social, comunitária, educacional e empresarial. Neste capítulo não vamos detalhar esse aspecto, apenas reforçar que essa etapa propositiva não pode ser atendida por um roteiro, e sim pelo desenvolvimento da espontaneidade e criatividade de cada pessoa no seu papel profissional e pela capacidade de leitura da realidade com olhar de ousadia e mudança que o psicodrama proporciona como metodologia de intervenção social, possibilitando a geração de idéias originais e inovadoras.

Para um psicodramatista, pensar em sua intervenção e planejá-la poderia representar uma dicotomia em relação às premissas da teoria moreniana, que privilegiam a ação, o aqui e agora e o momento; porém, o próprio Moreno nos proporcionou métodos e técnicas para fazer diagnósticos, mapear a realidade de um grupo, prospectar o futuro das relações entre as pessoas desse grupo, tornando-as mais saudáveis, além de ferramentas para intervenções que facilitem o caminho da construção de uma nova realidade. Portanto, temos todos os elementos para passarmos à etapa de elaboração de um projeto.

O projeto é o desenho de transformação de uma realidade que surge com o desejo de mudança, o desejo de melhoria de uma situação. É o detalhamento, de forma clara e objetiva, do que se pretende fazer, de por que fazer e dos resultados almejados. Um projeto socioeducacional busca modificar atitudes e comportamentos de grupos, desenvolver competências e papéis, construir referências coletivas e culturais, enfim, alterar condições de vida de grupos, famílias, equipes, comunidades ou regiões.

Na literatura especializada, existem inúmeros formatos e modelos de projetos. Os roteiros de elaboração ora privilegiam a captação de recursos, ora a captação de parceiros, ora o tipo de intervenção (social, educacional ou organizacional). De qualquer forma, a escolha do roteiro é subjetiva, dependendo apenas do estilo que cada profissional pode ter e de sua necessidade específica. Independentemente da estrutura dos itens e do modelo escolhido, o que pretendemos aqui é destacar alguns pontos fundamentais para que o projeto possa ser bem elaborado e corresponda às expectativas de todos os atores envolvidos. Após a escolha de um modelo, um projeto deve ser sustentado por três pilares:

- Visão do futuro: aonde se quer chegar?
- Foco no cliente: quem será atingido e beneficiado?
- Visão estratégica: como chegar lá?

VISÃO DE FUTURO: AONDE SE QUER CHEGAR? O QUE SE PRETENDE FAZER?

Este é o ponto de partida de um projeto: definir o objetivo central. Um objetivo é o propósito, a razão de ser de um projeto; expressa a realidade futura, delimita o que se quer alcançar, relaciona as mudanças desejadas ou demandadas.

O projeto será avaliado pelo alcance do objetivo; se este for definido de forma clara e consistente, será um farol, facilitando a escolha do percurso, dos recursos e das pessoas que contribuirão para a conquista dos resultados. Um objetivo bem formulado deve levar em conta os aspectos qualitativos, quantitativos, de tempo e os limites do projeto; deve ser realista e possível.

Para estabelecermos um objetivo que reflita a transformação desejada, ele não deve ser confundido com produtos e atividades decorrentes do projeto (por exemplo, cursos, definição de cargos, treinamentos). A construção de metas facilita a visualização do caminho; elas servem como instrumentos de medição para que se detecte a distância entre o previsto e o realizado. A mensuração deve ser explicitada na formulação por meio de propósitos, como: aumentar a autonomia, reduzir a apatia, melhorar a auto-estima, ampliar o empoderamento ou a participação.

Neste pilar, o da visão de futuro, encontram-se os itens de diagnóstico / introdução e contextualização / justificativa; assim, faz-se necessário conhecer a realidade de forma detalhada; levantar os problemas; criar hipóteses; mapear o cenário da ação; identificar as dimensões subjetivas, coletivas e as nuanças culturais, políticas, econômicas e institucionais que determinam o formato da complexidade das relações humanas no campo social; reconhecer o campo de atuação. A sociometria nos ensina a medir, mapear, diagnosticar o "aqui e agora" e também nos projeta ao futuro para que desenhemos um novo mapa sociorrelacional. Uma visão adequada da realidade, com conhecimento do problema e clareza quanto aos resultados a serem alcançados, é a base para a defesa das razões pelas quais o projeto deve ser realizado.

FOCO NO CLIENTE: QUEM É O BENEFICIÁRIO? QUEM É O PROTAGONISTA?

Este é o ponto central de um projeto: definir aqueles que serão o alvo da futura intervenção. Focalizar é escolher criteriosamente qual grupo será atingido pelas ações propostas. É muito comum que profissionais que atuam no âmbito socioeducacional considerem todas as pessoas que serão afetadas, de forma direta ou indireta, pela sua ação

195

como público-alvo; esse procedimento, além de prejudicar a elaboração dos próximos itens do projeto, dificulta o dimensionamento da eficácia da ação proposta. O processo de focalização, isto é, diferenciar quem será atendido diretamente de quem será apenas beneficiado, é crucial para o sucesso da intervenção.

A definição exata do grupo que será o protagonista proporcionará uma escolha adequada de linguagem, método e técnicas a serem utilizados para atingir o resultado proposto, além de garantir a inclusão das pessoas importantes para o êxito do projeto. É essencial indicar com precisão quem são as pessoas envolvidas, quais são os grupos escolhidos, quais critérios de seleção, para a delimitação, devem ser utilizados (etário, geográfico, socioeconômico, institucional ou funcional, de acordo com o sexo).

Neste pilar, o do foco no cliente, é importante levarmos em conta as referências sociométricas e sociodinâmicas: a leitura das relações, as atrações e rejeições existentes, os critérios segundo os quais essas relações se mantêm, as funções e papéis que essas pessoas desempenham no grupo-alvo do projeto são informações que contribuem para a tomada de decisão quanto ao âmbito que um projeto pode compreender e para o dimensionamento dos recursos e custos da intervenção socioeducacional. Mapear a rede de atores e suas visões diferenciadas em relação a uma proposta e avaliar quanto serão afetados, positiva e negativamente, por um projeto são passos que preparam o autor para que construa com solidez o terceiro pilar, que trata dos caminhos para o êxito.

VISÃO ESTRATÉGICA: COMO CHEGAR LÁ? QUAL CAMINHO SEGUIR?

O processo de escolha das ferramentas metodológicas e pressupostos teóricos que embasarão o projeto é o elemento que define as possibilidades de eficácia e eficiência de um projeto. Os critérios segundo os quais os métodos de trabalho e de intervenção de um projeto socioeducacional são escolhidos estão intimamente relacionados com as referências institucionais e de formação do profissional.

Um psicodramatista deve considerar o conjunto conceitual e metodológico da teoria moreniana para escolher as alternativas de atuação e ser capaz de explicitar com consistência sua escolha para o projeto. O sucesso de um projeto deve decorrer da metodologia de intervenção, e somente poderá ser reconhecida a eficácia da sua utilização se o método estiver muito bem detalhado na proposta. Ao escolher métodos de intervenção do psicodrama, definidos pela sociodinâmica e sociatria, o profissional deverá manter, na etapa futura da intervenção, os princípios e procedimentos morenianos para a ação: aquecimento, dramatização, compartilhamento e processamento.

Essa etapa representa o momento em que o psicodramtista deve ter maior cuidado: ao elaborar um projeto, deve discorrer sobre sua forma de trabalho e sua intenção de atender à demanda em questão, sendo fiel aos pressupostos teóricos de sua formação e mantendo a coerência; não deve apenas propor uma seqüência de atividades, "aplicar" técnicas e/ou usar recursos como jogos que já funcionaram em outras ocasiões. É preciso que tenha consciência de que cada método tem sua coerência conceitual, sendo, assim, um recurso para uma intervenção de qualidade. O método em si não tem o poder de transformar, mas será um *meio de transformação* nas mãos do psicodramatista.

Nesse período, o desenho final do projeto é definido. O processo deve ter começo e fim determinados, e com base nesses dados poderão ser criados os indicadores para o monitoramento e a avaliação do projeto. Ao ser finalizado, ele deve passar por uma avaliação para que sejam analisadas sua consistência e a coerência entre os itens. Aqui, a pergunta fundamental seria: *existe equilíbrio suficiente entre os três pilares para dar sustentação à intervenção?*

Para finalizar, não podemos deixar de enfatizar a importância da identificação do autor, do propositor do projeto. Esse item responde à pergunta "Quem vai fazer?"

Para ser executado, um projeto socioeducacional deve ter *legitimidade*, ser aceito, reconhecido e possibilitar a participação dos protagonistas nas diversas fases; deve ter *flexibilidade*, permitir alterações, adesões e correções de rota; deve pressupor *co-responsabilidade* entre os atores, assim, cada item do projeto escrito e cada atividade da intervenção podem representar uma transformação efetiva na vida do grupo, da instituição, da comunidade, da sociedade. Esses elementos estão relacionados com a atitude do profissional.

Deverá haver um item no projeto para que o autor descreva sua experiência profissional, seu histórico em outros projetos. É importante que deixe claro seu compromisso com a maximização dos resultados e com a viabilização do projeto. Assumir a autoria, além de expressar credibilidade, é uma demonstração da ética do psicodramatista.

ROTEIRO RESUMIDO

O objeto de um projeto

- Seu significado, valor, sentido e perspectivas.
- Conteúdo e domínio ao qual pertence.
- Razão de sua existência.
- Identificação do projeto (nome).

Os motivos do projeto

- O que o justifica?
- Qual a idéia geradora?

Os objetivos

- Quais os resultados finais a que se quer chegar?
- Quais os objetivos intermediários?

Os recursos

- Recursos materiais: investimentos ou patrocinadores, quando necessários.
- Recursos relativos a conhecimentos especializados, complementando a equipe.
- Outros recursos técnicos.

O tempo

- Período para que os resultados sejam alcançados; calendário.
- Seqüência das operações / atividades.

Os papéis: definição e equipe necessária

- Contratos.
- Pessoas implicadas.

Previsão de riscos e respostas possíveis

- Análise de possíveis dificuldades e cenários adversos.
- Tipos de respostas para enfrentar esses obstáculos.

Ajustes

- Foco.

Avaliação dos resultados

- Criação e/ou utilização de matriz avaliativa, com critérios e indicadores para medir qualitativamente os resultados.

Planejamento da(s) intervenção(ões)

- Logística da direção – intervenção passo a passo:
  1. Preparação dos conteúdos – dominar conceitos / conhecimentos necessários e processos.

2. Previsão e cálculo da duração de cada etapa – adequação ao tempo disponível.
3. Escolha de recursos técnicos e material didático (quando for o caso), adequados ao cliente e ao tempo de que se dispõe.

Seqüência de um projeto, sua realização e finalização

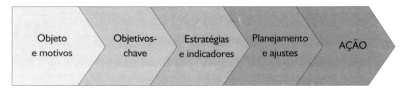

13. GRUPOS SOCIOEDUCATIVOS NA IMPLEMENTAÇÃO DAS POLÍTICAS PÚBLICAS: INDAGAÇÕES

MARIA AMALIA FALLER VITALE

Se Deus voltasse ao mundo, Ele não viria encarnado como um indivíduo, mas sim como um grupo, um coletivo [...].
MORENO apud CUSCHNIR (1997, p. 69-70)

Este texto *pontua* algumas questões sobre os grupos socioeducativos, os quais integram a metodologia de diversos programas sociais em várias áreas, como juventude, família, saúde e outras. Por meio desses grupos são implementadas algumas das propostas de políticas públicas voltadas para a garantia de direitos sociais.

Contextualizo aqui, em especial, o plano dos programas sociais dirigidos às famílias consideradas vulneráveis ou em situação de risco e, portanto, ligados às políticas vinculadas à assistência social.

A idéia da família como beneficiária é antiga; no entanto, a noção de que ela é parceira na condução dessas políticas, além de sua usuária central, é recente. Não se trata, entretanto, de uma discussão propriamente das políticas públicas. O debate é complexo, tem caráter histórico; abrange contextos, lacunas e possibilidades que não fazem parte do foco deste capítulo. O que se quer aqui é chamar a atenção para algumas das implicações presentes no trabalho com os grupos no que diz respeito à sua interface com a política. A idéia é pontuar, como já disse, e levantar questões-chave que possam estimular o debate relativo ao tema, em particular entre os psicodramatistas envolvidos com essa atividade. Procuro delinear algumas das inquietações que têm emergido no acompanhamento, direto ou indireto, de equipes que desenvolvem trabalhos com os grupos chamados socioeducativos. Três aspectos entrelaçados estão na base do esforço para articular as indagações: a política de assistência social como lócus do trabalho em grupo; o caráter das ações socioeducativas, com as famílias servindo como referência para essas ações; o grupo como a instância do compartilhar. Ao localizar as reflexões na dimensão da assistência social, tem-se por parâmetro o conceito de que o contexto oferece um significado às questões, ao mesmo tempo que estas espelham dimensões mais gerais, presentes em outros contextos.

AS POLÍTICAS PÚBLICAS

A família ganha cada vez mais centralidade na agenda das políticas públicas.

A pobreza, multidimensional em sua constituição e manifestação, é decorrente, em última instância, da crescente desigualdade na distribuição de renda, e representa um eixo na agenda da política social brasileira atual[1] (Yazbek, 2007; Carvalho, 2003). O investimento em políticas sociais é parte essencial da exigência de enfrentamento das expressões da questão social.

Como aponta Yazbek (2007, p. 2) ao refletir sobre as políticas sociais brasileiras, a de assistência social[2] se destaca:

> Em outubro de 2004, atendendo ao cumprimento das deliberações da IV Conferência Nacional de Assistência, realizada em Brasília em dezembro de 2003, o CNAS – Conselho Nacional de Assistência Social

1. Não se desconhecem, entretanto, as contradições contidas nesse processo. Está se referindo à desarticulação entre as políticas e entre política e desenvolvimento local.
2. O desenvolvimento da assistência social é proporcional à não efetivação de outras políticas públicas consistentes.

aprovou [...] a Política Nacional de Assistência Social em vigor, que apresenta o (re)desenho desta política, na perspectiva de implementação do Suas – Sistema Único de Assistência Social, que tem como principal objetivo a gestão integrada de ações descentralizadas e participativas de assistência social no Brasil.

Esse processo de construção do Suas avançou muitíssimo no país ao longo dos últimos anos, nos quais foram e vêm sendo implementados mecanismos viabilizadores da construção de direitos sociais da população usuária dessa política.

A Política Nacional de Assistência (PNAS) busca efetivar a assistência social como direito dos cidadãos e responsabilidade do Estado. O Sistema Único de Assistência (Suas), descentralizado e participativo, integra as ações no plano dos governos federal, estadual e municipal. "Os serviços, programas, projetos e benefícios têm como foco prioritário a atenção às famílias, seus membros, indivíduos e o território como base de organização [...]" (Brasil, 2004, p. 39). Espera-se, com sua implantação, o desenvolvimento de experiências criadoras e criativas ao longo do território brasileiro, que garantam a convivência familiar e comunitária. Na busca de novas metodologias de trabalho para o avanço na implementação do sistema emergem as ações socioeducativas. Estas, por sua vez, são operacionalizadas, em parte, por meio do trabalho grupal. Algumas das implicações contidas nesse processo serão esboçadas a seguir.

O CARÁTER DAS AÇÕES SOCIOEDUCATIVAS E AS FAMÍLIAS

É preciso discutir, de início, o caráter das ações socioeducativas que de alguma forma se orientam ou se concretizam, em parte, por meio da abordagem grupal. As ações socioeducativas emergem, no caso da família, como complementação vinculada basicamente aos chamados programas de transferência de renda[3], como o Bolsa Família, e à rede de serviços socioassistenciais. É bom que se diga que, apesar de a atenção estar voltada à família, o trabalho tende a se efetivar com o membro que a representa; na maioria das vezes, a mulher. A transferência de renda e as ações socioeducativas estão no cerne do desenvolvimento das políticas sociais. Diversas dessas ações vêm sendo executadas nos serviços e equipamentos sociais que integram o Suas.

Os programas de transferência, inicialmente, condicionavam o recebimento do benefício à participação de membros representantes da família em grupos. Há, com o desenrolar da Política Nacional de Assistência Social, maior flexibilidade com relação a essa premissa[4].

Acredito, no entanto, que, no caso do trabalho com famílias, a contrapartida de freqüência às sessões grupais ainda está presente no imaginário que envolve a relação família-programa. Essa contrapartida pode se dar de forma explícita ou implícita. Assim, as atividades socioeducativas tendem a ser uma das portas de acesso aos programas de transferência de renda. Cabe ressaltar que esses grupos podem estar abertos, também, para pessoas que não fazem parte dos programas.

Sposito (2007), ao investigar programas socioeducativos dirigidos aos jovens, chama a atenção para a natureza das ações socioeducativas. Segundo ela, essas ações "envolvem transferência de renda sob a forma de bolsa, contemplam, em decorrência, a exigência de uma contrapartida que figura como obrigatória e propõem também como

---

3. "[...] programas que visam o repasse direto de recursos dos fundos de Assistência Social aos beneficiários, como forma de acesso à renda, visando o combate à fome, à pobreza e outras formas de privação de direitos, que levem à situação de vulnerabilidade social, criando possibilidades para a emancipação, o exercício de autonomia das famílias e indivíduos atendidos e o desenvolvimento local" (Brasil, 2004, p. 94). Há o reconhecimento de que os programas de transferência de renda têm beneficiado as famílias e contribuído para a redução de desigualdades sociais.

4. Há programas que exigem contrapartidas e outros que tratam apenas da transferência de renda.

acesso à renda a presença em atividades socioeducativas" (2007, p. 18). A autora analisa cada uma dessas categorias. Na discussão sobre a contrapartida, é apontada a lógica de reinstituir a solidariedade social por meio da ação pública. Assim, ao lado da transferência de renda há o desejo de que haja uma "espécie de distribuição de responsabilidades que mobilize os cidadãos para a efetiva integração nacional" (p. 22). No caso da assistência social, essa lógica também está presente. Se, de um lado, a contrapartida parece estar subjacente ao trabalho com as famílias, de outro, os grupos emergem como um dos meios para promover a autonomia das famílias, com crescente caráter preventivo de proteção social. Os grupos ganham, então, relevância. Surge desse termo outro desdobramento: a idéia de contrapartida está ainda aliada à proposta de exercício de autonomia das famílias por meio dos grupos. Mas autonomia e contrapartida (ainda que implícita) se conjugam? De qual autonomia estamos falando e em qual contexto ela está sendo empregada? E mais: o processo em direção à autonomia só pode ser viabilizado se políticas públicas e ações locais estiverem articuladas, como preconiza a Política Nacional de Assistência Social; porém, essa é uma realidade de longa construção.

Convém lembrar que a ação complementar em grupo representaria, ainda, uma resposta ao risco de que os programas adquirissem uma face "assistencialista"[5], o que estaria na contramão da política pública de garantia de direitos sociais.

Fonseca (2002)[6] nos encaminha ao próximo passo dessa discussão. Para ela, o social, no caso dos grupos populares, pode facilmente ser assimilado "à noção de problema social" (p. 54). Isso acontece, em parte, porque as pesquisas produzem conhecimento com base em grupos

---

    5. Sposito (2007) trata de questão similar no âmbito das ações para jovens.
    6. Fonseca trata da circulação de crianças e utiliza esse termo referindo-se à transferência de crianças entre famílias, de modo temporário ou sob a forma de adoção.

populares, famílias que estão em atendimento para o encaminhamento de soluções aos seus problemas (por exemplo, famílias com filhos em abrigos, com pessoas doentes ou em conflito com a lei). Alia-se a esse fato o pressuposto de que o que é considerado normal tende a ser construído de acordo com a experiência pessoal do pesquisador ou profissional, e leva em conta seu referencial de classe social. Assim, para a autora, há o risco de se produzir um saber com conclusões tendenciosas. Por essas razões, as famílias dos grupos populares tendem a ser estigmatizadas e culpabilizadas pelas dificuldades e fracassos com que se defrontam. São vistas, por vezes, não pela perspectiva das expressões da questão social, mas do problema social:

> No caso de populações pobres, que muitas vezes só ganham visibilidade com os casos mais problemáticos, os perigos desse tipo de reducionismo são particularmente evidentes. Basta que os jornais publiquem um artigo sobre uma adolescente pobre que abandonou seu recém-nascido numa lixeira para que esta imagem se torne paradigmática de todas as mães adolescentes. Quando se trata de pobres, um acontecimento que em outro contexto seria considerado excepcional – um caso isolado – torna-se facilmente emblemático. (Fonseca, 2002, p. 62)

No caso aqui discutido, há o perigo de se associar família a "problema social". As terminologias utilizadas para descrevê-la, como "vulnerável", "em risco", de certa forma podem conformar essa imagem quando retiradas do contexto da vulnerabilidade social no Brasil. O discurso social sobre a família dá sentido às ações que a ela se destinam. Por essas razões, contrapartida, autonomia e visão sobre a família imbricam-se e podem aprisionar o trabalho com famílias. Com ações socioeducativas destinadas somente às famílias dos grupos populares, questiona-se o caráter dessas ações e, mais uma vez, a própria concepção de família.

Em outra direção, Sawaia (2003, p. 43) justifica a importância do trabalho em grupo com as famílias:

A tese aqui defendida é homeopática; defende o trabalho socioeducativo e militante, que adota a família como lócus do protagonismo social para usar o feitiço contra o feiticeiro, ir na contracorrente do biopoder, usando o mesmo remédio para obter efeitos contrários: em lugar da disciplinarização, a liberdade; em lugar do isolamento, a abertura ao coletivo.

Segundo essa perspectiva, as ações socioeducativas seriam definitivas para a autonomia das famílias e sua inclusão na realidade social. Para a autora, o trabalho socioeducativo se qualifica pelo potencial de emancipação da família e por sua característica principal, que diz respeito ao valor da afetividade. Mas Sawaia alerta também para o risco de a família, como esfera afetiva, constituir-se num "instrumento privilegiado de sustentação do poder" (2003, p. 44).

Questões-chave

- Quais os impactos da contrapartida explícita ou implícita no trabalho com os grupos?
- De qual autonomia estamos falando?
- O grupo contempla a família como sujeito político?
- A (pré)concepção da família como problema social pode estar norteando a ação desenvolvida com os grupos?

Outro aspecto refere-se à própria nominação – também ambígua – do termo *socioeducativo* quando associado aos programas de transferência de renda. Esse termo é o mesmo que rege as medidas legais no que concerne aos adolescentes em conflito com a lei. Ressalte-se com essa observação que o vocábulo é identificado com um contexto que se vincula à noção de problema e de norma. Essa terminologia é construída no campo da normatização.

Para se desvincular do pressuposto de medidas legais, o termo socioeducativo necessita ser debatido em seu contexto, por aqueles que o utilizam e por seus interlocutores, tendo em vista separar construções de caráter normativo das ações.

Como afirma Yazbek (2007) ao examinar as políticas sociais, é preciso redesenhar as metodologias de trabalho com famílias para romper com visões conservadoras que moralizam a realidade familiar e a desenraízam de seu contexto.

Todavia, para alguns autores o termo socioeducativo ganha um contorno positivo, como ocorre com Maria do Carmo Brant de Carvalho (2007): "O termo socioeducativo é tomado aqui como um qualificador [que tem] como finalidade a convivência, sociabilidade e participação na vida pública comunitária, entendendo este campo como privilegiado para tratar de forma intencional valores éticos, estéticos e políticos".

Por esse prisma, o termo sugere a noção de parceria e seria aplicável aos grupos mediadores no exercício das políticas sociais.

Questões-chave

- O sentido de normatização adere-se às ações ou aos grupos socioeducativos voltados às famílias?
- As famílias se "socializam" ou se "educam" nos grupos?
- A nomenclatura escolhida se aplicaria caso as famílias pertencessem aos segmentos sociais considerados médios?
- A prática concreta em grupos socioeducativos está ressignificando a terminologia?

Outra questão relevante diz respeito à própria noção de família, já esboçada nos itens anteriores. Há amplo reconhecimento de que, pelo menos no plano teórico, as famílias só podem ser apreendidas e compreendidas com base em seu contexto econômico e sociocultural. A diversificação de formas de viver em família está contemplada nas intervenções socioeducativas ou socioassistenciais[7].

Sabe-se, no entanto, que pensar e repensar a família é uma tarefa contínua quando se coordenam ações a ela dirigidas. As famílias que integram os programas de políticas sociais enfrentam inúmeros desafios e mobilizam grande parte de sua energia para encontrar algumas saídas para questões e impasses de seu cotidiano.

Destaco, brevemente, aspectos que recobrem o dia-a-dia das famílias que estão em situação de pobreza e que são alvo dos programas sociais.

A falta de um trabalho estável ou sua precariedade afeta a vida das famílias e torna-as vulneráveis. Essa tem sido a maior fonte de exclusão para os grupos familiares dos segmentos populares. De um lado, a instabilidade do trabalho; de outro, os divórcios e separações e as mortes engendram dificuldades de ordem econômica, além de afetiva e relacional. Essas dimensões conjugadas estão no bojo do aumento das rupturas vinculares e debilitam os vínculos sociais ao longo do percurso de vida familiar (Vitale, 2006; Sarti, 2003; Singly, 1996).

A família pobre, no entanto, constitui-se como um sistema de trocas de obrigações morais e de suporte recíproco que envolve uma rede de parentesco. Como aponta Sarti (2003), esse sistema tende a dificultar o processo de individualização de seus membros ao mesmo tempo que promove a viabilização de sua existência. A noção de obrigação moral é central à idéia de parentesco e sobrepõe-se por vezes aos laços consangüíneos. Na rede de interajudas familiares, os vínculos que se estabelecem entre pais e filhos são os mais significativos (Vitale, 2006; Sarti, 2003; Vasconcelos, 2002).

7. Quanto a esse tema, é interessante consultar a Política Nacional de Assistência Social (Brasil, 2004).

Convém ressaltar que, para Sarti (2003), as famílias pobres organizam-se em redes de relações, contrariando a idéia de que se caracterizam como núcleo. Fonseca[8] também mostra em sua pesquisa que

> a família não está restrita às relações do grupo doméstico. A idéia de família presente nas entrevistas alude a um grupo conformado por um leque de relações de consangüinidade e afinidade, e, ainda, de laços de parentesco "fictícios", no sentido de que não derivam de vínculos legais e/ou biológicos. (Fonseca, 2001, p. 220-1)

O sistema de apoio mútuo familiar não passa por uma regulamentação formal. Mas é bom reiterar que as redes de trocas familiares estruturam-se de acordo com o modo de inserção das famílias em seu espaço social e revelam sua condição de classe. As famílias vulnerabilizadas, em risco, tendem, portanto, a ter redes mais enfraquecidas.

É interessante lembrar que as relações no centro das redes de ajuda e obrigações familiares não são desprovidas de conflitos.

As solidariedades familiares são em grande parte femininas. O caráter sexuado é marcante nas redes de colaboração familiar. Assim, o gênero é um elemento estruturante dessas redes. É a solidariedade feminina que cria suporte para que essas famílias possam dar conta de seu cotidiano. Nessas redes, as trocas intergeracionais tanto contemplam os laços de afetividade quanto se concretizam sob inúmeras formas e serviços (Vitale, 2006; Pitrou, 1996). Nesse sistema, são, muitas vezes, as avós que contribuem para a socialização das crianças e, ao mesmo tempo, materializam inúmeras formas de apoio familiar (Vasconcelos, 2002; Vitale, 2003).

Os grupos socioeducativos têm sido integrados, em grande parte, por mulheres representantes do grupo familiar em suas diversas configurações.

---

8. A autora estudou famílias vinculadas ao Programa de Garantia de Renda Familiar Mínima em Campinas, em 1999.

Questões-chave

- Os grupos – por meio da ação pública – recriam a solidariedade que os percursos sinuosos de vida das famílias vulneráveis, permeados por rupturas, inevitavelmente enfraquecem?
- A solidariedade, o apoio mútuo promovido no grupo, tem se estendido ou se deslocado para a dimensão sociopolítica?
- Os grupos têm integrado – com igual peso – representantes da família para além do grupo doméstico?
- As figuras masculinas encontram espaço nesses grupos?

Ao entender a vida familiar como um percurso irregular, complexo e construído de forma intergeracional, torna-se possível dimensionar os desafios do trabalho sob o ângulo da intervenção pública.

GRUPOS: UMA INSTÂNCIA DO COMPARTILHAR

Gostaria, nesse momento, de chamar a atenção para o sentido do grupo para Moreno. Afinal, este é um livro construído com base nas contribuições psicodramáticas. Moreno destaca a dimensão grupal e a rede social como raízes de seu trabalho. Revela a energia criativa dos grupos; traduz o homem como um ser relacional por princípio e, nesse sentido, a inter-relação pessoal constitui a idéia central de sua teoria. O *socius* (o outro) está intrínseco ao *eu* em seu desenrolar psíquico. Por sua vez, o contexto social dá sustentação ao contexto grupal e este ao dramático.

O sociodrama[9] desenvolve-se em três etapas: aquecimento, ação dramática e compartilhamento. Nessa terceira etapa da sessão, More-

---

9. *Sociodrama* tem sido definido como método de ação que visa às relações inter e intragrupais.

211

no ressalta o sentido da expressão do sentimento de cada um e a possível saída compartilhada em face do tema tratado no grupo. Só se pode reconhecer no outro o sentimento que se vislumbra em si. Esse movimento – compartilhar – é mais importante do que as análises ou descrições sobre o grupo[10]. Destaco esse aspecto (essencialmente psicodramático) como uma das peças-chave no trabalho grupal com famílias. Por meio do compartilhar, um grupo pode se constituir em um espaço privilegiado de trocas, de interlocução com a diversidade, fortalecimento ou criação de novos vínculos (Baptista, 2006).

As famílias, ao se reunirem com outras com as quais se identificam, são capazes de compartilhar as dores, os sentimentos e as competências, as oportunidades em face do percurso de vida. O sentimento é uma forma de estar implicado no mundo; é nesse movimento que se faz a passagem da particularidade para a construção coletiva, com a busca da garantia de direitos. São muitas as experiências nessa direção em que a família emerge como sujeito político[11]. Redefine-se, assim, a relação entre o público e o privado. Para Sawaia (2003), o sofrimento (físico-emocional) tem um caráter ético-político quando resultante da vivência de injustiça social. Para a autora, esse sofrimento "empobrece e afunila o campo de experiência e de percepção, bloqueando a imaginação e a reflexão; torna-as pessoas impotentes para a liberdade e a felicidade, quer na forma de submissão, quer na de ódio ou fanatismo" (p. 46).

Todavia, quando a família vive uma situação de vulnerabilidade, principalmente quando se trata de uma situação de extrema pobreza,

10. Moreno utiliza o temo *love-back* grupal para o primeiro aspecto e *feed-back* para o segundo.

11. Historicamente, as Mães da Praça de Maio representam de forma emblemática a dimensão política da família. Elas construíram um percurso a partir do sofrimento particular diante do desaparecimento de seus filhos e transitaram para a esfera dos direitos. Também é pertinente citar as reflexões de Freitas (2002) sobre a formação de redes de solidariedade de familiares após o caso de Acari. Vale consultar Furlan (2000).

enraizada de geração a geração, o sofrimento pode parecer quase natural. O sociodrama, por intermédio da ação, do compartilhar, pode oferecer às famílias um caminho para a desconstrução da "naturalização" da dor, com o reconhecimento de suas competências, direitos e criatividade.

> **Questão-chave**
>
> - De um lado, os grupos, como formas práticas para a implementação da política pública, apresentam-se como lócus do desenvolvimento das famílias, como sujeitos de direito no exercício dos cuidados e proteção de seus membros. Os grupos representam, então, núcleos de resistência em face dos processos de exclusão de nossa sociedade. De outro, os grupos – por sua própria natureza, limites e contextos – engendram práticas conservadoras que não podem promover a autonomia das famílias. Os grupos, então, condenam a família ao obscuro papel de responsável pelos próprios "fracassos" e pelos processos de vulnerabilização?

Referências bibliográficas

ACOSTA, A. R.; VITALE, M. A. F. (orgs.). *Família: redes, laços e políticas públicas*. São Paulo: IEE, 2003.

BAPTISTA, M. V. "Um olhar para a história". In: BAPTISTA, M. V. (org.). *Abrigo: comunidade de acolhida e socioeducação*. São Paulo: Instituto Camargo Corrêa, 2006, v. 1, p. 25-38.

BRASIL. Política Nacional de Assistência Social – PNAS / 2004. Ministério do Desenvolvimento Social e Combate à Fome. Secretaria Nacional de Assistência Social. 2004. Disponível em: <http://www.mds.gov.br/suas/hotsuas/legislacao-1/cd-suas-vol-01/cd_paginas/publicacoes1.htm>. Acesso em: 4 dez. 2007.

CARVALHO, M. do C. B. "Ações socioeducativas no pós-escola como enfrentamento da iniqüidade educacional". Cenpec. Disponível em: <http://www.cenpec.org.br/modules/xt_conteudo/index.php?id=32>. Acesso em: 4 dez. 2007.

_____. "Famílias e políticas sociais". In: ACOSTA, A. R.; VITALE, M. A. F. (orgs.) *Família: rede, laços e políticas públicas*. São Paulo: IEE, 2003.

CUSCHNIR, L. (org. e trad.). *J. L. Moreno: autobiografia*. São Paulo: Saraiva, 1997.

FLEURY, H. J.; MARRA, M. M. *Práticas grupais contemporâneas: a brasilidade do psicodrama e outras abordagens*. São Paulo: Ágora, 2006.

FONSECA, A. M. M. *Família e política de renda mínima*. São Paulo: Cortez, 2001.

FONSECA, C. "Mãe é uma só? Reflexões em torno de alguns casos brasileiros". *Psicologia da USP*, São Paulo, v. 13, n. 12, p. 49-68, 2002.

FREITAS, R. C. S. "Famílias e violência: reflexões sobre as mães de Acari". *Psicologia da USP*, São Paulo, v. 13, n. 12, p. 69-104, 2002.

FURLAN, A. *O processo de constituição do sujeito político: familiares e amigos de adolescentes em conflito com a lei, internados na Febem / SP*. 203 f. Tese (Doutorado em Serviço Social) – Pontifícia Universidade Católica de São Paulo, São Paulo, 2000.

PITROU, A. "Solidarité familiale et solidarité publique". In: LE GALL, D.; MARTIN, C. *Familles et politiques sociales: dix questions sur le lien familial contemporain*. Paris: L'Harmattan, 1996, p. 229-45.

SARTI, C. "Famílias enredadas". In: ACOSTA, A. R.; VITALE, M. A. F. (orgs.). *Família: redes, laços e políticas públicas*. São Paulo: IEE, 2003, p. 21-36.

SINGLY, F. "Trois thèses sur la famille contemporaine". In: LE GALL, D.; MARTIN, C. (orgs.) *Familles et politiques sociais: dix questions sur le lien familial contemporaine*. Paris: L'Harmattan, 1996.

SPOSITO, M. P. (org.). *Espaços públicos e tempos juvenis: um estudo de ações do poder público em cidades de regiões metropolitanas brasileiras*. São Paulo: Global, 2007.

SAWAIA, B. B. "Família e afetividade: a configuração de uma práxis ético-política, perigos e oportunidade". In: ACOSTA, A. R.; VITALE, M. A. F. *Família: rede, laços e políticas públicas*. São Paulo: IEE, 2003, p. 39-50.

VASCONCELOS, P. "Redes de apoio familiar e desigualdade social: estratégia de classe". *Análise Social: Revista do Instituto de Ciências Sociais da Universidade de Lisboa*, v. 37, n. 163, p. 507-11, 2002.

VITALE, M. A. F. "Avós: velhas e novas figuras da família contemporânea". In: ACOSTA, A. R.; VITALE, M. A. F. (orgs.). *Família: redes, laços e políticas públicas*. São Paulo: IEE, 2003, p. 90-105.

_____. "Família: pontos de reflexão". In: BAPTISTA, M. V. (org.) *Abrigo: comunidade de acolhida e socioeducação*. São Paulo: Instituto Camargo Corrêa, 2006, p. 77-83.

_____. "Famílias monoparentais: indagações". *Revista Serviço Social e Sociedade*, São Paulo, ano XXIII, n. 71, p. 45-62, 2002.

YAZBEK, M. C. "Compromissos e responsabilidades para assegurar proteção social pelo Sistema Único de Assistência Social (Suas)". Trabalho apresentado na *Conferência Estadual de Assistência Social do Estado do Maranhão*. São Luís, jul. 2007.

_____. "O trabalho do assistente social na luta por direitos no âmbito do Suas". Trabalho apresentado no *XI Congresso Brasileiro de Serviço Social*. Foz do Iguaçu, 2007.

OS AUTORES

ANNA MARIA KNOBEL

Psicóloga e mestre em Psicologia Clínica pela Pontifícia Universidade Católica de São Paulo (PUC-SP). É psicodramatista didata supervisora formada pela Federação Brasileira de Psicodrama (Febrap), professora do Departamento de Psicodrama do Instituto Sedes Sapientiae (DPSedes) e autora de *Moreno em ato: a construção do psicodrama a partir das práticas* (Ágora, 2004) e de vários capítulos de livros e artigos.

CYBELE MARIA RABELO RAMALHO

Psicóloga, psicodramatista didata supervisora dos Profissionais Integrados (Profint) e professora da Universidade Federal de Sergipe (UFS).

HELOISA JUNQUEIRA FLEURY

Psicóloga, psicoterapeuta e psicodramatista didata supervisora, com focos socioeducacional e psicoterápico. Mestre pela Faculdade de Medicina da Universidade de São Paulo (USP), organizou livros e é autora de vários capítulos de livros. Também é coordenadora geral do Departamento de Psicodrama do Instituto Sedes Sapientiae (DPSedes), professora do curso de Formação em Psicodrama nessa instituição, orientadora do curso de Especialização em Sexualidade Humana da Faculdade de Medicina da USP e coordenadora da Seção Transcultural da International Association for Group Psychotherapy and Group Processes (IAGP).

HERIALDE OLIVEIRA SILVA

Educadora, psicóloga, psicodramatista didata supervisora formada pela Federação Brasileira de Psicodrama (Febrap), com focos psicoterápico e socioeducacional. Docente dos cursos de formação em Psicodrama do Instituto Sedes Sapientiae, Animus – Psicodrama e Educação e Associação Brasileira de Psicodrama e Sociodrama (ABPS), em São Paulo.

LIANA FORTUNATO COSTA

Psicóloga, terapeuta conjugal e familiar, psicodramatista, doutora em Psicologia Clínica pela Universidade de São Paulo (USP) e docente permanente do Programa de Pós-graduação em Psicologia Clínica e Cultura do Departamento de Psicologia Clínica do Instituto de Psicologia da Universidade de Brasília (PCL / IP / UnB).

LUÍS FALIVENE R. ALVES

Médico formado pela Universidade de São Paulo (USP), psiquiatra pela Associação Médica Brasileira / Associação Brasileira de Psiquiatria (AMB / ABP), psicodramatista pela Sociedade de Psicodrama de São Paulo (SOPSP) e Instituto de Psicodrama J. L. Moreno e sociopsicodramatista supervisor didata pela Federação Brasileira de Psicodrama (Febrap). É professor supervisor no Instituto de Psicodrama e Psicoterapia de Grupo de Campinas (IPPGC) e co-autor dos livros: *O jogo no psicodrama* (Ágora, 1995), *Grupos: a proposta do psicodrama* (Ágora, 1999) e *Sambadrama* (Jessica Kingsley, 2005).

MARA SAMPAIO

Consultora de empresas nas áreas de gestão de pessoas, desenvolvimento de competências e implementação de projetos de educação empreendedora, *coach* com certificação internacional pelo International Coaching Council (ICC), psicóloga com especialização em Psicologia Social, mestranda do curso Interunidades de Nutrição Humana Aplicada (Pronut), da Universidade de São Paulo (USP). É psicodramatista didata supervisora formada pelo convênio Sociedade de Psicodrama de São Paulo / Pontifícia Universidade Católica de São Paulo (SOPSP / PUC-SP).

MARCIA ALMEIDA BATISTA

Psicodramatista, psicoterapeuta didata e professora supervisora pela Federação Brasileira de Psicodrama (Febrap). É mestre em Psicologia Clínica pela Pontifícia Universidade Católica de São Paulo (PUC-SP), professora da Faculdade de Psicologia da PUC-SP, coordenadora do curso de Formação em Psicodrama do convênio Sociedade de Psicodrama de São Paulo / Pontifícia Universidade Católica de São Paulo (SOPSP / PUC-SP), vice-presidente e diretora de ensino e ciência da Febrap.

MARIA AMALIA FALLER VITALE

Terapeuta familiar, psicodramatista didata supervisora pela Federação Brasileira de Psicodrama (Febrap) e doutora em Serviço Social pela Pontifícia Universidade Católica de São Paulo (PUC-SP). É professora aposentada da PUC-SP e pesquisadora da Associação dos Pesquisadores de Núcleos de Estudos e Pesquisadores sobre a Criança e o Adolescente (Neca). Tem livros publicados na área da terapia de família e casal.

MARIA EVELINE CASCARDO RAMOS

Psicóloga clínica e comunitária. É mestre em Psicologia Clínica pela Universidade de Brasília (UnB), psicodramatista didata supervisora e coordenadora do Centro de Psicodrama de Brasília.

MARIA INÊS GANDOLFO CONCEIÇÃO

Psicóloga, psicodramatista, doutora em Psicologia pela Universidade de Brasília (UnB), professora adjunta do Programa de Pós-graduação em Psicologia Clínica e Cultura do Departamento de Psicologia Clínica da Universidade de Brasília (PCL / IP / UnB), coordenadora do Laboratório de Família, Grupos e Comunidades e editora da revista *Psicologia: teoria e pesquisa*.

MARISA NOGUEIRA GREEB

Bacharel e licenciada em Pedagogia pela Pontifícia Universidade Católica de São Paulo (PUC-SP) e pós-graduada em Psicologia Educacional (PUC-SP) com complementação nas áreas de Psicologia Clínica e do Trabalho, Sociologia, Política e Filosofia. Tem formação em Psicodrama pelo Grupo de Estudos de Psicodrama (GEPSP) e pela *Role-playing*. Foi co-fundadora da primeira escola de Psicodrama Pedagógico e Sociopsicodrama: *Role-playing*, Pesquisa e Aplicação, presidente da Fundação Wilson Pinheiro, do Partido dos

Trabalhadores (PT), e co-fundadora do Instituto de Políticas Relacionais. É consultora, supervisora, terapeuta e docente nas áreas da sociodinâmica, psicodrama e sociodrama. Tem experiência em várias empresas e foi co-criadora da Clínica dos Nossos Negócios (CNN). Possui vários trabalhos na área pública e foi coordenadora do Psicodrama Simultâneo da Cidade de São Paulo (2001) e do Primeiro Sociodrama Público da América Latina (2002). Tem textos publicados em revistas nacionais e internacionais.

MARLENE MAGNABOSCO MARRA

Psicóloga clínica e terapeuta familiar, mestre em Psicologia pela Universidade Católica de Brasília (UCB) e psicodramatista didata e didata supervisora. É professora e orientadora de cursos de especialização para psicodramatistas e terapeutas familiares. Presidente da Federação Brasileira de Psicodrama (Febrap), coordenadora de ensino do Instituto de Pesquisa e Intervenção Psicossocial (Interpsi), organizadora de livros e autora de capítulos e artigos com foco em questões de cidadania e intervenções grupais e membro da International Association for Group Psychotherapy and Group Processes (IAGP).

MOYSÉS AGUIAR

Psicólogo, psicoterapeuta, consultor na área de Psicologia Social, com especialização em Psicodrama e Psicologia da Arte, e professor supervisor pela Federação Brasileira de Psicodrama (Febrap). É docente do Instituto de Psicodrama de Campinas, diretor de Teatro Espontâneo e coordenador da trupe da Companhia do Teatro Espontâneo. Ex-presidente do Conselho Federal de Psicologia, tem vários livros publicados como autor, organizador e co-autor, inclusive na Alemanha, Inglaterra e Hungria. Tem feito apresentações de Teatro Espontâneo e ministrado cursos em diversos países da Europa e América Latina.

RUSANE RODRIGUES

Psicóloga e psicodramatista didata supervisora com focos socioeducacional e psicoterápico. É mestre em Artes Cênicas, psicoterapeuta de grupo e individual, diretora e atriz do Teatro de Reprise, co-autora de três livros – *O jogo no psicodrama* (Ágora, 1995); *Intervenções grupais nos direitos humanos* (Ágora, 2005) e *Práticas grupais contemporâneas* (Ágora, 2006) – e de dois jogos de tabuleiro, integrante da equipe de sustentação dos psicossociodramas do Centro Cultural São Paulo, professora de formação em Psicodrama no Departamento de Psicodrama do Instituto Sedes Sapientiae (DPSedes) e coordenadora de curso de aperfeiçoamento em Teatro.

STELA REGINA DE SOUZA FAVA

Psicóloga pela Pontifícia Universidade Católica de São Paulo (PUC-SP), psicodramatista, professora supervisora e terapeuta pela Federação Brasileira de Psicodrama (Febrap). Trabalha com as relações produtivas de equipes, tendo atuado na iniciativa privada, nas estruturas do Estado e no terceiro setor. Consultora da Fundação do Desenvolvimento Administrativo (Fundap), trabalha também com desenvolvimento de professores, coordenadores pedagógicos e diretores de escolas. Atividades docentes: formação e supervisão de psicodramatistas, didatas e supervisores, nas diversas federadas da Febrap, da qual já foi diretora de ensino e ciência. É autora de artigos e co-autora dos livros: *Ações educativas: vivências com psicodrama na prática pedagógica* (Ágora, 1997) e *Moreno, um homem à frente de seu tempo: o psicodrama de Moreno no século XXI* (Ágora, 2001).

YVETTE DATNER

Consultora de empresas e organizações em gestão de mudanças, gestão de pessoas, liderança, papel profissional, equipes e relacionamento no trabalho. É didata supervisora do curso de Formação em Psicodrama do convênio Sociedade de Psicodrama de São Paulo / Pontifícia Universidade Católica de São Paulo (SOPSP / PUC-SP). Autora de *Jogos para educação empresarial: jogos, jogos dramáticos, role-playing, jogos de empresa* (Ágora, 2006) e co-autora de *Intervenções grupais nas organizações* (Ágora, 2005) e *O jogo no psicodrama* (Ágora, 1995). Tem graduação em Pedagogia e pós-graduação em Sociologia da Educação pela Universidade de São Paulo (USP), e especialização em Psicodrama Socioeducacional e Organizacional.

IMPRESSO NA
sumago gráfica editorial ltda
rua itauna, 789 vila maria
02111-031 são paulo   sp
telefax 11 **6955 5636**
sumago@terra.com.br

G R Á F I C A
sumago

------------------------------ dobre aqui ------------------------------

Carta-resposta
9912200760/DR/SPM
Summus Editorial Ltda.

CORREIOS

CARTA-RESPOSTA
NÃO É NECESSÁRIO SELAR

O SELO SERÁ PAGO POR

AC AVENIDA DUQUE DE CAXIAS
01214-999 São Paulo/SP

------------------------------ dobre aqui ------------------------------

GRUPOS – INTERVENÇÃO SOCIOEDUCATIVA E MÉTODO SOCIOPSICODRAMÁTICO

------ recorte aqui ------

CADASTRO PARA MALA-DIRETA

Recorte ou reproduza esta ficha de cadastro, envie-a completamente preenchida por correio ou fax, e receba informações atualizadas sobre nossos livros.

Nome: _____ Empresa: _____
Endereço: ☐ Res. ☐ Com. _____ Bairro: _____
CEP: _____-_____ Cidade: _____ Estado: _____ Tel.: ( ) _____
Fax: ( ) _____ E-mail: _____ Data de nascimento: _____
Profissão: _____ Professor? ☐ Sim ☐ Não Disciplina: _____

1. Onde você compra livros?
☐ Livrarias ☐ Feiras
☐ Telefone ☐ Correios
☐ Internet ☐ Outros. Especificar: _____

2. Onde você comprou este livro? _____

3. Você busca informações para adquirir livros por meio de:
☐ Jornais ☐ Amigos
☐ Revistas ☐ Internet
☐ Professores ☐ Outros. Especificar: _____

4. Áreas de interesse:
☐ Psicologia ☐ Comportamento
☐ Crescimento Interior ☐ Saúde
☐ Astrologia ☐ Vivências, Depoimentos

5. Nestas áreas, alguma sugestão para novos títulos? _____

6. Gostaria de receber o catálogo da editora? ☐ Sim ☐ Não

7. Gostaria de receber o Ágora Notícias? ☐ Sim ☐ Não

Indique um amigo que gostaria de receber a nossa mala-direta.

Nome: _____ Empresa: _____
Endereço: ☐ Res. ☐ Com. _____ Bairro: _____
CEP: _____-_____ Cidade: _____ Estado: _____ Tel.: ( ) _____
Fax: ( ) _____ E-mail: _____ Data de nascimento: _____
Profissão: _____ Professor? ☐ Sim ☐ Não Disciplina: _____

Editora Ágora
Rua Itapicuru, 613 7º andar 05006-000 São Paulo - SP Brasil Tel.(11) 3872-3322 Fax (11) 3872-7476
Internet: http://www.editoraagora.com.br e-mail: agora@editoraagora.com.br

cole aqui